공감혁신

융합 · 혁신 · 교육에 대한 생각의 파편을 모아서

공감혁신

융합 · 혁신 · 교육에 대한 생각의 파편을 모아서

한건희 저

홍릉과학출판사

목차

머리말

21세기 들어 가장 널리 회자되는 단어중의 하나인 혁신은 국내에서 하루에도 수백 건에 이르는 언론 기사에서 언급될 뿐만 아니라 혁신이라는 주제어로 검색되는 국내 저서가 2만권이 넘을 정도로 우리는 혁신의 시대에 살고 있다. 정보사회로 접어들면서 기술의 발전과 세계화의 영향으로 혁신적 아이디어가 단 수개월 이내에 거대한 세계시장을 형성하는 현상을 경험한 인류는 치열한 경쟁과 혁신만이 살길이라 여기는 혁신 중독에 이르렀다. 반면 지나치게 빠른 변화의 속도에 대하여 혁신 피로감과 안정감의 결여를 우려하는 목소리가 점차 커지고 있다.

혁신의 정의는 적용되는 분야와 상황에 따라 차이를 보이지만 기존 질서의 파괴와 새로운 질서의 정립이라는 공통점을 가지고 있다. 그러나 끊임없는 파괴와 새로운 질서라는 혁신 패러다임이 지속될 수 있을 것인지에 대한 의문을 갖게 되었다. 과연 새로운 시대의 혁신이란 어떠한 것인지 또는 어떠한 혁신을 이루어 나가야 하며 혁신을 지속하기 위하여 갖추어야 하는 요건이 무엇인지 그리고 그러한 혁신을 이끌어 갈 다음세대를 위한 교육은 어떠하여야 하는지 고민하였다.

필자는 지난 4년간 기존의 교육체계와는 전혀 다른 혁신적 교육체계로 새로운 인재를 양성하기 위한 교육사업을 주도할 수 있는 기회를 가졌다. 이 사업을 통하여 새로운 인재상을 정립하고 그에 따른 교육과정 및 교육법을 개발하기 위한 과정에서 수많은 시행착오를 거쳐왔다. 수년간 인재상과 교육 방향에 대한 근본적인 철학이 혼란스러웠던 시기를 거쳐 점진적으로 인재상과 교육 목표가 정립되어가고 교육과정이 안정화 되어감에 따라 그 중간 결과를 정리하고자 하는 마음에 이 책을 집필하기 시작하였다.

본 저서를 집필하기 시작할 때는 필자 스스로 정립한 융합과 혁신의 정의를 학생들에게 전달하고자 의도하였으나 필자 자신이 기존의 고전적인 교육을 받은 전형적인 공학자로서 융합과 혁신을 정의하여 다음세대에 이를 전달하는 것이 올바른 접근방법이 아님을 깨달았다. 따라서 본 저서는 인간의 본성, 사회의 동작 원리, 문화적 다양성, 기술의 원리에 대한 기본적인 화두를 던져 학생 스스로 이들에 대하여 탐구하고 깊은 고민을 통하여 각자 혁신에 대한 철학적 기반을 다져 갈수 있도록 이 책을 저술하였다.

이 책에 기술된 내용은 지식을 전달하기 위함도 학술적 발견을 제시하는 것도 아니다. 다만 학생들이 탐구할 화두를 제공하기 위하여 필자 생각의 조각들을 모아 정리한 것에 불과 하다. 따라서 많은 내용들이 기존의 알려진 것인지 저자의 고유한 생각인지 스스로도 불분명하여 명료하게 참고문헌들을 제시 하지 못하였다. 그러한 연유로 이 책의 내용에 대하여 학술적 논란이 일어 나지 않기를 바라며 다만 이를 계기로 새로운 세대들이 보다 더 다양하고 깊은 고민을 하는 계기가 되기를 소망할 따름이다.

이 책은 책 전체를 통독하고 내용을 이해하기 보다는 가벼운 마음으로 읽고 생각하는 시간을 갖는 것이 바람직하다. 따라서 각 장은 1시간 이내에 읽을 수 있는 분량으로 구성하였으며 각 장을 읽은 후 1~2주에 걸쳐 해당하는 주제에 대한 타 문헌을 찾아 읽거나 깊이 생각한 후 동료와 토론하며 서로의 생각을 나누는 시간을 갖기를 권한다.

2014. 10 **한건희**

제1장

인간에 대한 이해

본능

본능이란 사전적의미로 '태어난 후 배워서 갖추어진 것이 아닌 태어나면서 이미 갖추고 있는 능력, 억누를 수 없는 감정이나 충동'이라는 뜻이다. 이는 단순히 신경계의 작용으로 나타나는 반응과는 구별되며 지능이나 지성 또는 자유의지와는 대비되는 뜻을 가진다. 본능이 인간의 행위를 결정 짓는 근원적인 요소이기는 하지만 인간의 행동은 동물과 달리 본능보다는 학습 또는 의지의 선택과 같은 이성에 의하여 더 많은 통제를 받는다. 본능의 체계에 대한 여러 가지 의견이 존재하지만 일반적으로 자기보존 본능, 종보존 본능, 군거 본능이 가장 원초적이며 포괄적인 본능의 체계로 받아들여진다. 이러한 세가지 원초적 본능은 보다 세분화된 본능으로 구분된다.

인간의 자기 보존 본능은 위험 요소에 대하여 예방적으로 회피하는 행위, 급작스런 위험에 대하여 순간적으로 피하는 반응, 식욕 등과 같이 생존에 필요한 다양한 요소들로 이루어져 있다. 굶주림, 추위, 더위, 질병에 대응하는 생리학적 생존본능 이외에 인간은 자아의식에 기반한 자존심, 이기심과 같은 정서적 생존 본능을 가지고 있다. 즉 인간은 생존의 사전적 의미인 '살아남아 존재함' 이상의 자기 보존 본능을 가지고 있어 포괄적으로는 자신의 존재를 부정하는 요소를 극복하기 위하여 활발하게 무엇인가를 하여야만 생존할 수 있을 뿐만 아니라 특별한 경우에는 자기 자신의 존재를 스스로 부정하는 자포자기를 극복하지 않고는 생존할 수 없다. 인간의 자기 보존 본능은 현재의 생존을 위하여 자원을 확보하는 차원을 넘어 미래에 일어날 수 있는 불확실한 위협에 대하여도 생존확률을 극대화하기 위하여 현재 필요한 이상의 자원을 미리 확보하도록 할뿐만 아니라 경쟁을 통하여 타인보다 더 많은 자원을 확보하고 활용 효율을 높여 자신의 생존가능성을 극대화하려는 특징을 가지고 있다.

인간의 종보존 본능은 생물학적 종의 보존과 사회적 종의 보존으로 구분 될 수 있다. 성, 출산, 양육과 같이 후세를 낳아 생물학적 종을 보존하고자 하는 본능을 생물학적 종보존 본능이라 하며 이는 정서 및 지능적인 면에서 다소간의 차이는 보이지만 동물들의 그것과 크게 다르지 않다. 인간이 사회생활을 하면서 가족, 지역, 국가, 단체 등 동질성을 근간으로 하는 여러 집단에 속하게 되는 데 이들 집단을 사회적 종으로 볼 수 있으며 사회적 종에도 생물학적 종 보존 본능과 유사한 작동원리와 행동양식이 적용된다. 특히 타 집단과 교류하거나 경쟁하여 생존하고 양육과 교육 훈련을 통하여 자신이 속한 사회적 종이 우월성을 가지고 번성하도록 하기 위하여 노력한다.

인간은 사회를 구성하고 개인들간에 상호 작용하며 살아간다. 사회를 구성하는 목적에 따라 자기보존본능에 의한 것과 군거본능에 의한 것으로 설명할 수 있으나 이들을 따로 분리할 수는 없으며 함께 작용하는 것이다. 자기보존 본능에 의한 사회생활은 기본적으로는 인간이 육체적으로 나약하여 혼자서는 생존할 수 없기 때문에 집단적, 분업적 협동을 통하여 각 개인이 필요로 하는 것을 얻어 생존하고자 하는 것으로 동물집단에서도 유사한 행동양식을 발견할 수 있다. 인간은 생존의 문제가 해결되어 있더라도 타인과 교류하며 살기를 원하며 고립된 상태에서 생존은 가능할지라도 이를 매우 큰 고통으로 여긴다. 타 개체와의 교류는 기능적 분업화와는 다른 매우 높은 지능이 요구되는 감정적 교류로 일부 지능이 높은 동물에서 발견되는 놀이 등이 이에 해당한다. 생존을 위한 생물학적 분업을 넘어 지능적이고 감성적인 사회를 구성하는 본능을 군거 본능이라 한다. 인간의 사회성은 복합적인 요인들의 소산이지만 자연적 사회성, 정서적 사회성, 이해타산적 사회성으로 대략 구분할 수 있다. 가족, 민족, 지역 연고 등과 같이 동질성에 근거한 비이기적이며 보편적인 공감에 의하여 사회를 구성하는 요인을 자연적 사회성이라 할 수 있으며, 타인과의 교류와 교감을 통하여 자존과 행복을 느끼는 요인을 정서적 사회성이라 할 수 있다. 또한 원하는 것을 얻기 위하여 서로의 필요에 의하여 사회를 구성하는 요인을 이해타산적 사회성이라 할 수 있으며 이념과 관념적인 가치를 추구하기 위한 요인을 정치적 사회성이라 할 수 있다.

군거본능에 의한 사회성이 발현될 때에는 동일화 심리와 우월심리라는 서로 대비되는 두 가지 심리가 상보적으로 작용한다. 동일화 심리는 타인과 같아지고자 하는 마음으로 동일화를 통하여 그 집단에 소속되어 있음을 스스로 확인하고 안정감을 느끼게 함으로써 사회통합과 안정성을 유지 시켜 주는 역할을 한다. 우월심리는 타인과 차별적 존재이고자 하는 심리로 경쟁에서의 성취를 통하여 자존감을 느끼게 함으로써 개인의 발전과 더 나아가서는 사회의 발전을 도모하는 역할을 한다.

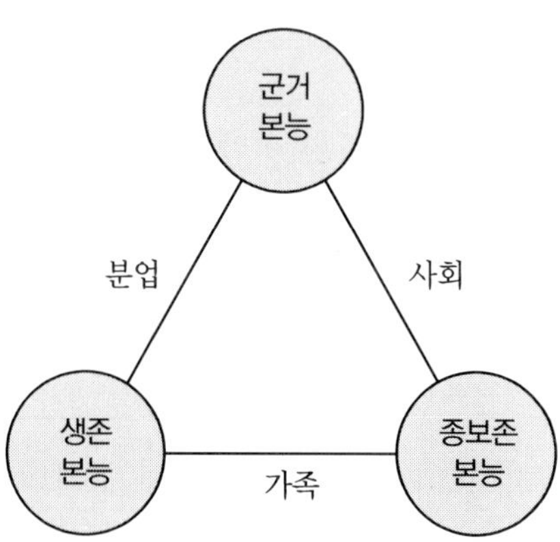

욕구와 만족

본능에 의하여 요구되는 것을 욕구라 하며 욕구가 채워졌을 때 인간은 만족이라는 감정을 느끼게 된다. 인간은 미래의 불확실성에 대비하기 위하여 가능한 많은 자원을 확보하고자 하는 소유에 대한 욕구가 동물에 비하여 매우 강하게 나타나며 이것이 지나쳐 자신 뿐만 아니라 소속된 사회에 여러 가지 갈등이 일어나게 되는 경우를 탐욕이라 한다. 필요한 만큼만 소유한다는 금욕적 자연주의는 인간을 가장 자연에 가깝게 하는 것으로 여겨지지만 잉여를 추구하고자 하는 본능이 없이는 현재상태 이상을 추구하는 동기 유발이 없어져 인류 문명의 발전동력을 상실하게 된다. 필요이상의 잉여를 추구하면서 경쟁하는 상호 작용 과정에서 개인과 사회의 발전이 일어난다.

인간의 뇌에서 연변계라는 부위는 인간의 감정에 관여하여 쾌락과 욕구, 의지, 만족감 등을 관장 하는 것으로 알려져 있다. 쾌락중추에 해당하는 영역은 본능에 의한 욕구가 충족되었을 때 활성화되는 것으로 흥분, 각성, 쾌감 등의 감정을 일으킨다. 의지 핵은 감정에 따라 실제 행위가 일어나도록 동기를 부여한다. 이성적이고 종합적인 판단을 주관하는 전두엽의 거울 신경회로는 타인의 행동을 관찰함에 따라 타인의 감정에 대하여 공감할 수 있도록 하는 기능을 하는 부위이다. 인간의 욕구와 만족은 쾌락중추, 의지핵, 거울신경회로의 상호작용으로 직접적 자극뿐만 아니라 의지에 대한 충족, 타인과의 관계 속에서 일어난다.

본능적 욕구 충족을 위한 행위는 만족 또는 쾌락이라는 보상에 대한 학습의 결과이지 않는 것이 일반적이지만 쾌락을 증대하기 위하여 인과관계를 통하여 습득한 행위를 실행하기도 한다. 특정 행위와 쾌락 사이의 이성적이며 논리적인 인과관계에 대한 인지 없이 무의식 속에서 쾌락을 추구하기도 한다. 인간은 보다 관념적인 행위로부터도 쾌락을 느끼기도 한다. 예를 들어 인간이 자기 주장을 펼치는 말을 할 때 쾌락 중추가 활성화되어 흥분과 각성이 일어나는 현상이나 권력을 통한 지배가 주는 쾌감 등이 이에 속한다. 이와 같이 욕구와 만족의 추구는 다양하게 인간 행동에 반영된다.

인간은 본능에 의한 욕구의 충족 이외에도 미래에 대한 소망과 희망만으로도 즐거움을 느끼거나 특정 목표를 위하여 수행되는 노력의 과정에서도 즐거움을 얻을 수 있다. 더 나아가

집단 속에서 자존감의 확립이나 타인과의 교감 속에서도 즐거움과 만족을 느낀다. 이는 인간의 삶을 단순히 욕구, 충족, 만족, 기쁨의 인과 관계만으로는 이해하거나 설명할 수 없음을 의미한다.

연변계(Limbic System)

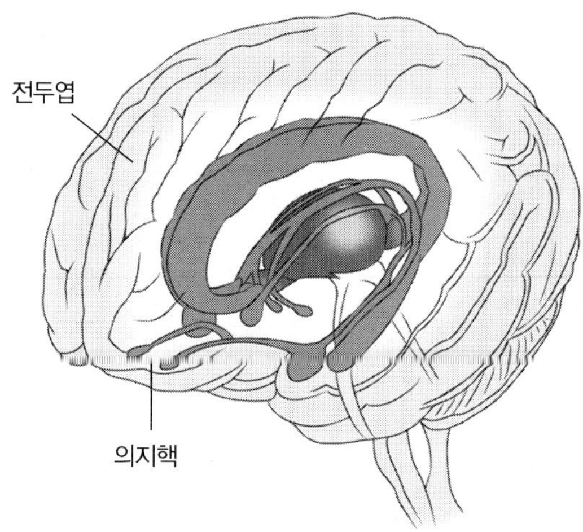

기쁨

인간의 사고와 행위는 이성과 감성의 상호작용 결과이다. 이성은 경험과 학습에 의한 합리적 사고와 자유의지에 의하여 작동하는 한편 감성은 기쁨과 즐거움과 같은 긍정적 감정과 슬픔과 불쾌함 같은 부정적 감정에 의하여 작동된다. 감성은 학습에 있어서도 가장 중요한 역할을 하게 되므로 궁극적으로는 감성이 인간의 사고와 행위를 지배한다. 인간은 긍정적 감정을 극대화 하고 부정적 감정을 회피하고자 하므로 모든 행위의 목적은 기쁨을 얻기 위한 것이라 할 수 있다.

기쁨의 감정은 본능에 의하여 요구되는 것이 충족되는 생리학적 작용의 결과물 이상의 매우 복잡한 정신적 작용의 결과물이며 요인에 따라 감성적 기쁨과 지성적 기쁨으로 구분하거나 실존하는 것과 관념적인 것으로 구분할 수 있다. 예를 들어 감각 기관의 자극에 의하여 생리학 적으로 느껴지는 기쁨은 감성-실존 영역에 속하며 실제 감각기관을 통한 자극이 아니더라도 상상을 통하여 느끼는 감성적 기쁨은 감성-관념 영역에 속한다. 한편 소유나 목표의 성취에서 느끼는 기쁨은 지성-실존의 영역에 속하며 깨달음이나 이념의 실현에서 느끼는 기쁨은 지성-관념의 영역에 속한다.

지성-관념영역에 속하는 기쁨을 형이상학적 기쁨이라 하며 이와 반대로 감성-실존 영역에 속하는 기쁨을 세속적 기쁨이라 한다. 감성-실존 영역의 극단에 해당하는 감각적 자극에 의한 기쁨은 쾌락이라 칭하며 정서와 정신을 파괴하는 것으로 여겨져 이를 회피하고자 하는 사상을 금욕주의라 한다. 감성-지성 및 실존-관념의 중간 영역은 인지의 영역으로 실제로 존재하는 것을 감각 기관을 통하여 받아들이며(지각) 그로부터 실제와는 달라진 주관적 재구성을 통하여 의미와 느낌을 불러일으킴(인지)으로써 기쁨을 느끼는 것으로 예술이 그 대표적 예이다.

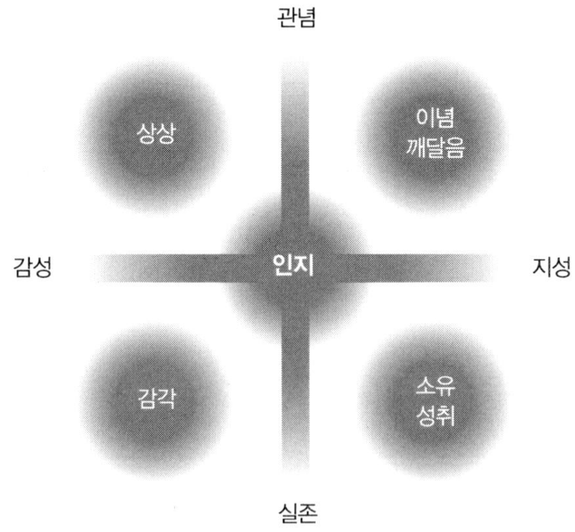

불쾌

기쁨의 감정은 상태 변화와 지속성에 따라 쾌감과 행복감으로 구분될 수 있다. 쾌감이란 의도한 바를 이루었을 때 느끼는 상쾌하고 즐거운 느낌을 말한다. 즉, 쾌감은 충족되지 않았던 상태에서 충족되는 상태로 변화하는 시점에서 느끼는 동적이며 한시적인 즐거움으로 매우 높은 상태의 흥분을 동반하기도 하며 변화의 정도가 클수록 쾌감을 크게 느껴 경우에 따라서는 극단적인 흥분상태에 해당하는 전율을 느끼기도 한다.

쾌감은 변화에 대한 반응이므로 이를 지속적으로 유지하기는 어려우며 상태 변화에 따른 쾌감 이후에는 안정적 상태에 해당하는 만족감 또는 행복감을 느끼게 된다. 그러나 지나친 쾌감의 흥분 이후에 허탈감이나 공황이 올 수도 있다. 특히 상태 변화를 일으킨 성취가 도덕과 같은 보편적 가치에 반하여 이루어진 경우에는 이성에 의한 반작용으로 후회와 혼란이 뒤따르기도 하며 우울한 상태가 지속되기도 한다. 특히 후회가 뒤따르는 경우 자기보존 본능에 의한 합리화가 일어나며 후회를 극복하고 쾌감을 다시 느끼기 위하여 보다 큰 새로운 변화를 추구하게 된다. 이러한 순환작용이 적절한 이성으로 제어되지 않은 경우에는 점점 더 극단적인 변화 또는 자극을 갈구하는 중독에 이를 수 있다. 성취는 불쾌로부터 벗어나 쾌감을 느끼게 하는 가장 효과적인 요인 중의 하나이지만 연속되는 쾌감을 위한 지속적인 성취의 추구는 본질을 벗어나 일 중독이나 집착 같은 중독으로 변질 될 수 있다. 이러한 중독은 세속적 쾌감뿐만 아니라 형이상학적 기쁨영역에서도 일어난다.

일반적으로 중독의 경우를 제외하고는 쾌감이 평상시 행위에 대한 동기로 작용하기는 어려우며 역설적이게도 평상시의 행위를 제어하는 것은 이상적으로 기대하는 상태에 있지 않을 때 느끼는 불쾌로부터 벗어나고자 하는 의지이며 쾌감은 불쾌로부터 벗어났을 때의 보상에 해당하는 것이라 할 수 있다. 불쾌에 순응하게 되는 경우에는 우울한 상태로 머무르게 되나 이를 극복하고자 하는 이성적 노력이 지속되는 경우에는 오히려 불쾌가 발전적이며 긍정적인 역할을 하게 된다.

성취 후 쾌감이 긍정적으로 작용하여 지속 가능한 감정상태인 만족감 또는 행복감으로 전환되는가 반대로 우울이나 중독에 빠지게 되는가는 쾌감 이후 감정의 통제능력인 평정심에 의하여 결정된다.

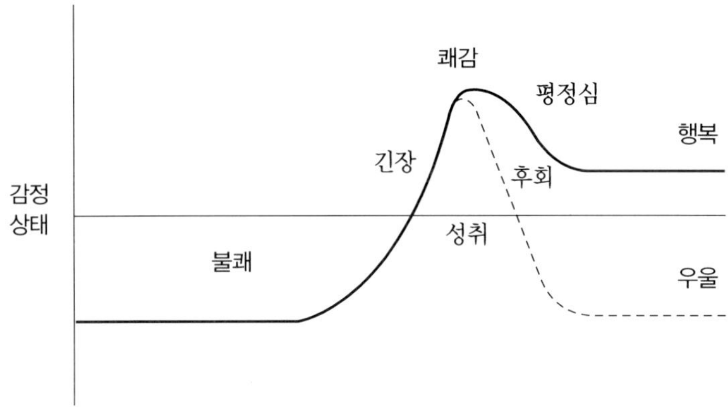
쾌감
평정심
행복
긴장
후회
감정
상태
성취
불쾌
우울

가치

모든 행위의 목적이 기쁨을 얻기 위한 것이라는 관점에서 인간이 추구하는 가치 있는 것들은 기쁨을 주는 것들이다. 따라서 가치의 구분은 감정의 요인에 따른 구분과 같이 실존–관념, 감성–이성의 축으로 이루어진 공간으로 이해할 수 있다. 다만 기쁨의 주체가 개인인지 아니면 사회에 속한 다수의 타인인가에 따라 또다시 구분될 수 있으므로 가치는 실존–관념, 감성–이성 및 개인–공리의 3개의 축으로 이루어진 가치 공간으로 대략적으로 형상화 할 수 있다.

특정 사물이나 사건의 가치공간에서의 위치는 개인에 따라 다르게 나타난다. 예를 들어 동일한 사물이라도 어떤 사람은 그 물건의 값을 기준으로 하는 물질적 가치로 보는 반면 다른 사람은 사물에 담겨있는 개인의 추억을 중시하여 개인–감성–관념의 영역에 속하는 것으로 볼 수 있다. 또 다른 예로 고미술품의 경우 어떤 사람은 개인이 느끼는 아름다움의 관점에서 개인-감성-관념의 영역에 속하는 것으로 가치를 판단할 수 있으며 어떤 이는 그 미술품이 갖는 시대적 역사적 의미로서 공리–이성-관념의 영역에 속하는 가치로 볼 수 있다.

각 영역의 중요도 또한 개인에 따라 다르게 나타난다. 실제 행위를 위한 판단에는 수많은 여러 요소들이 동시에 작용하며 각 요소들의 가치공간에서의 위치와 각 영역의 중요도에 따라 전체적으로 가치가 최대화 되는 방향으로 결정이 이루어진다. 사물이나 사안에 대한 가치공간에서의 위치와 그 중요도 및 가치 판단과정에 있어서 개인마다 다른 특성을 가치관이라 한다. 이러한 가치 공간은 개인의 가치 판단 뿐만 아니라 집단이나 사회의 보편적 가치 판단에도 적용되는 것으로 사회적 가치관을 문화, 사조, 이념이라 한다.

매 순간 행위를 결정짓는 가치판단은 수많은 요소와 사건들이 복잡하게 연관되어 인과관계가 명확하지 않거나 정형화 되어있지 않은 문제이다. 비록 가치관이 정립되었다고 하더라도 이는 가변적인 것으로 당시의 상황과 감정에 따라 동일한 사안이라도 다른 판단을 내릴 수 있다. 이러한 이유로 경우에 따라서는 개인적으로 가치의 판단과정에 있어서 매우 혼란스러운 상태가 지속되거나 사회에서 각개인의 가치 판단의 차이로 인한 갈등이 발생한다. 교육의 기능에 있어서 개인을 사회에 적응 시키는 것은 개인이 속한 사회에서 보편적으로 받아들여지는 가치관이 개인의 가치관에 적용되도록 훈련하는 것이다. 이때 개인보다는 공리를, 감성보다는 이성을 그리고 실존 보다는 관념을 더 높은 가치로 보는 것이 일반적이나 이러한 가치의 척도를 절대적 진리로 볼 수는 없다.

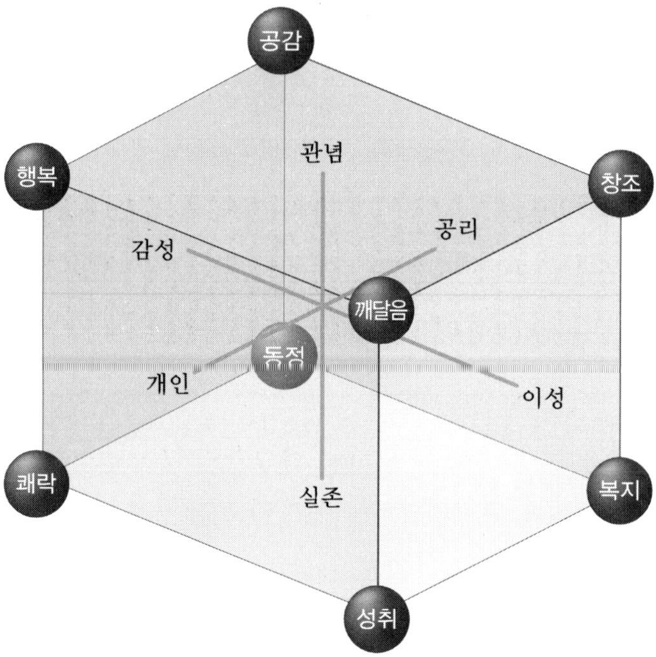

아름다움

인간이 추구하는 것 중 가장 가치 있는 것에 대하여 '아름답다' 라고 느낀다. 아름다움이라는 감정은 쾌감과 같은 시원하고 좋은 느낌이 일시적이지 않고 안정적으로 지속되는 것으로 본능을 충족하는 만족, 성취에 의한 쾌감, 인지에 의한 즐거움 이상의 좋은 감정이다. 아름다움이란 단순하게 사전적 의미로는 감각을 매개로 얻어지는 기쁨을 말하나 보다 포괄적으로는 조화, 균형, 완전성에서 느껴지는 즐거운 감정이라 할 수 있다. 시, 청각과 같은 감각을 통하여 인식되는 것뿐만 아니라 보다 관념적인 것에서도 아름다움을 느낄 수 있으며 이러한 차이에 따라 아름다움을 '진, 선, 미'로 구분하는 것이 보편적이다. 가치공간에서 이성-관념-공리 영역에 해당하는 이념과 철학, 창조, 또는 절대적 진리와 같은 것들이 '진'에 해당하며 '진' 이 조화, 균형 및 완전성을 가지고 실현되는 과정과 결과를 '선' 이라 하며 이와 같은 '선' 이 감각을 통하여 인지되고 감성적 기쁨을 불러일으키는 것을 '미' 라 한다. 그러므로 아름다움이란 어떤 하나의 사물 사건 또는 사안이 가치공간에서 넓은 범위의 진선미 요소를 조화롭게 가지고 있는 것을 의미한다.

특히 미는 시각, 청각 등 감각 기관을 통하여 인식된 단편적인 자극의 조합으로부터 주관적 재구성을 통하여 실제 모습과 달라진 개념으로 인지하고 연상을 통하여 보다 복합적인 흡족한 감정을 불러일으키는 것으로 우리가 흔히 예술이라고 부르는 것들이 이러한 영역에 속한다. 미의 영역 내에서도 미적 감각을 일으키는 요소에 따라 다소간의 차이를 보이며 예를 들어 황금률이나 화음과 같이 절대적이고 보편 타당한 아름다움을 느끼는 감각영역, 추상화나 전위음악과 같이 고도로 함축적인 관념 영역, 그림이나 음악, 소설에서 스토리의 전개나 상황의 전개 같은 내용(context) 영역, 몽환적이며 실제 존재하지 않는 세상의 환타지와 같은 상상 영역 등으로 세분 될 수 있다.

아름다움은 일반적으로 조화롭고 균형 잡힌 완전무결함, 특정한 패턴을 가지고 있어 예측 가능하면서도 결정론적이지 않음, 절제되어 있으나 단조롭지 않음, 평온하나 변화하는 것과 같은 인지적 특징을 가지고 있다. 그러나 현대에 들어서는 이러한 특성에서 벗어난 파격을 아름다움으로 보는 경향이 강하다. 파격미란 예측하지 못했던 색다른 발견으로 인한 신선함, 급격한 변화로 인한 흥분을 불러일으키면서 감정을 활성화하는 아름다움을 의미한다. 전통적으로 동양은 조화, 여백, 균형의 아름다움을 추구하는 경향이 강하였으며 서양은 파격을 아름다움으로 인식하는 경향이 강하다.

아름다움은 고도의 정신작용에 의하여 느껴지는 감정으로 지극히 주관적인 고유성을 가지고 있으면서도 시대와 인종 및 문화를 넘어 보편적으로 아름다움을 느끼는 일반적인 완결성도 함께 가지고 있다. 아름다움의 추구야 말로 인간만이 누리는 특권이며 완전하고 영원 무궁한 신에 다가가고자 하는 열망인 것이다.

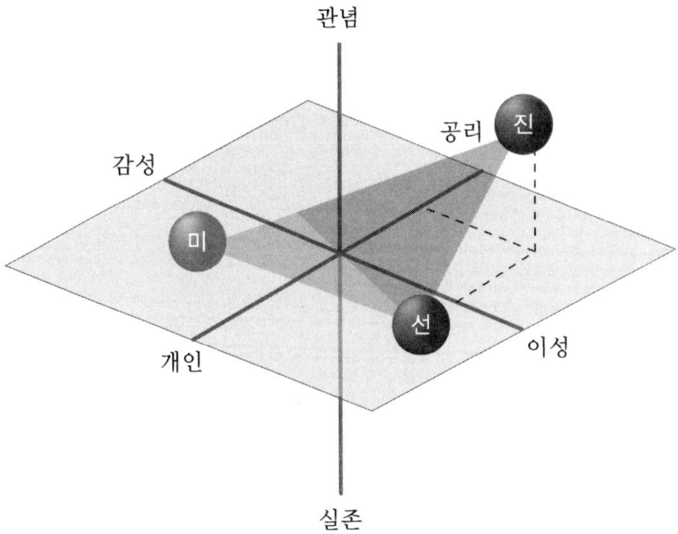

행복

원하는 것들이 충족되어 충분한 만족과 기쁨을 느끼며 특별한 변화 없이 충족의 상태가 유지되어 흐뭇함이 지속되는 편안한 감정의 상태를 행복이라 한다. 행복은 생존본능, 종 보존 본능, 군거 본능을 충족할 뿐만 아니라 욕구 이상의 가치 있는 것을 확보하고 있으며 미래에도 그러한 상태가 보장될 것이라는 믿음을 필요로 한다. 그러므로 행복이란 개개의 인간이 추구하는 궁극적인 삶의 목표일 뿐만 아니라 사회집단이 추구하는 궁극의 목표 또한 구성원의 최대 행복이라 할 수 있다.

행복을 느끼기 위해서는 욕구 충족에 따른 만족감, 가치 있는 것의 성취를 통한 자존감, 잉여의 지속적 확보에 따른 안정감을 필요로 한다. 가치 있는 것을 성취하는 순간의 기쁨을 쾌감이라 하며 이러한 쾌감이 지나간 후의 안정된 상태를 행복이라 한다. 이때 '가치 있는 것'이란 개인적으로 차이가 클 뿐만 아니라 성취를 통한 쾌감 이후 행복으로의 감정의 변화 또한 매우 주관적인 것이어서 행복의 요건 또한 개인과 문화에 따라 큰 차이를 보인다. 동양문화와 서양문화간에는 미묘한 차이를 보이는데 전통적으로 동양문화에서는 안정성(stability)에 더 중점을 두는 반면 서양문화에서는 변화에서 오는 즐거움(excitement)을 행복과 동일시 하는 경향이 강하다. 이러한 성향은 아름다움에서 동양문화가 조화와 균형을 중시하는 반면 서양문화는 파격을 아름다움으로 인지하는 경향이 강한 것과 유사성을 가지고 있다.

'부가 행복을 보장하지는 않는다'거나 '행복은 성적 순이 아니다'라는 주장을 흔히 접할 수 있다. 그러나 많은 통계적 자료에 따르면 개인, 가족, 또는 국가 단위의 소득 수준과 행복감 또는 교육 정도와 행복감 사이에는 매우 밀접한 상관 관계를 가지고 있음을 보여 주고 있다. 부와 학력이 행복을 보장하지는 못하더라도 행복감을 느끼기 위한 매우 중요한 요소중의 하나로 작용함은 부정할 수 없다. 역으로 부와 학업이 행복을 보장하지 못하는 것도 명백한 사실로 행복이란 단지 충족 이상의 여러 다른 요소들이 작용함을 알 수 있다. 부와 학력은 자신이 이룬 것에 대한 성취감을 통하여 자존감을 제공할 뿐 아니라 주변상황에 대한 공고한 통제력의 확보를 의미하므로 행복감을 느끼기 위한 요소의 상당 부분을 제공하기 때문이라 할 수 있다. 부와 학력이 아니더라도 어떠한 형태이든 '성취'는 행복을 위한 시작점이며 필수요소로써 성취 없이는 다른 요소가 모두 충족되어도 행복을 느끼기 어렵다.

행복은 정서적 안정과 성취 및 상황에 대한 통제능력을 근간으로 하여 느끼는 감정이지만 역으로 행복은 외부환경의 위협으로부터 감정과 정서를 안정된 상태로 지켜주는 완충 역할을 한다. 따라서 행복은 역경과 어려움을 극복할 수 있는 자신감이나 진취적 목표 설정과 같은 긍정적 가치관 형성의 기반이 됨으로써 집중도 및 학습성과 향상에 기여한다. 긍정적 가치관과 향상된 학습성과는 지식역량이나 사회성 확보를 통한 성취도를 높여줌으로써 궁극적으로는 행복감을 향상시키는 선순환 고리를 완성하게 된다. 특히 행복은 정서적 학습이 주로 이루어지는 유 · 소년기에 절대적 요소이다.

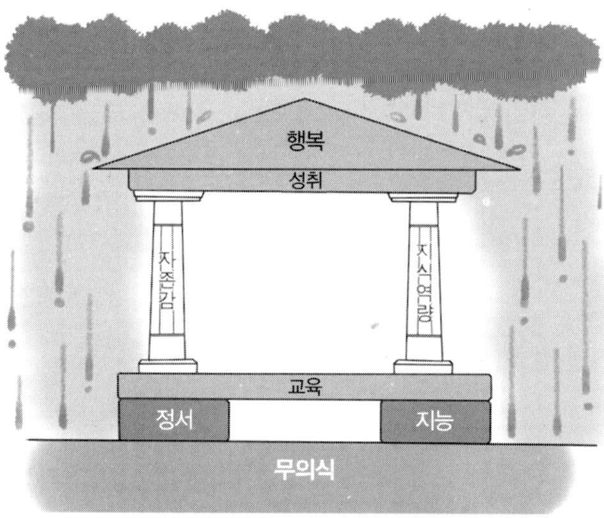

갈망

어떠한 것을 원한다는 의미의 단어는 동서양 모두 소망, 희망, 갈망, 욕망, 열망 등 매우 다양한 단어가 있으며 다소간의 느낌의 차이는 있지만 명료하게 구분되지는 않는다. 다만 소망은 환경이나 외부의 힘의 작용으로 이루어지기를 바라는 반면 희망은 본인의 노력과 의지를 내포한다. 소망과 희망에 비하여 갈망과 욕망은 보다 적극적인 간절한 바람을 의미하며 열망은 더욱 적극적인 열렬한 바람으로 가치의 중요성에 있어서 다른 무엇보다도 우선하는 것을 의미 한다.

갈망과 욕망이 모두 적극적인 행위를 유발하는 바램이지만 욕망은 세속적 가치의 소유에 대한 바램으로 갈망보다는 좁은 의미로 이해되는 것이 일반적이다. 욕망은 존재하여야 함에도 불구하고 존재하지 않고 결여되고 상실된 것으로 여겨지는 것을 바라는 결핍에서 출발한 소유의 욕구를 의미한다. 경우에 따라서는 무의식 속에서 결여된 것이 실제 행위에서는 다른 욕망으로 나타남으로써 욕망을 충족하였다고 여겨지나 실제 욕구는 충족되지 않은 것이므로 중독적으로 욕망을 추구하기도 한다. 이에 반하여 갈망은 현재 충족의 상태 이상의 것을 간절히 바라는 잉여에서 출발한 관념적 욕구로서의 의미가 강하다고 할 수 있다.

이와 같이 정의된 갈망의 관점에서 모든 인간이 갈망하여 왔던 것은 자기 보존 본능에 기반한 무병장수 또는 불로장생, 종 보존 본능에 기반한 좋은 배우자의 선택, 유전적으로 우월한 자녀의 출산이나 군거 본능에 기반한 명예와 권력 등을 예로들 수 있다. 갈망은 개인의 본능을 넘어 아름다움, 이상사회, 창조 등과 같은 관념적 갈망까지 매우 넓은 폭을 가지고 있다. 이러한 갈망은 가치 있다고 여겨지는 것을 이루어 기쁨을 느끼고자 하는 실천적 동기이다. 즉, 가치란 인간이 추구하는 지향점이며 기쁨의 추구는 가치 있는 것을 향하여 가도록 하는 힘의 근원이며 갈망은 실제로 행위가 일어나도록 하는 엔진과 같다.

한편 실제 삶에 있어서는 동시에 다양한 사안들이 상호 연관성을 가지고 일어나며 현재 상황에서의 판단과 행위는 각 사안에 대한 가치, 갈망 및 기쁨의 강도에 의하여 결정된다. 많은 경우 갈망하는 가치와 행위의 결과간 괴리가 존재한다. 더욱이 실행이 일어나기 전 단계에서도 가치, 갈망, 기쁨이 서로 일치 하지 않음으로써 내재적인 혼란과 갈등이 발생한다. 절대적 진실과 가치가 비교적 명백하였던 과거와 달리 미래에는 절대적 진실과 가치가 불분명하고 혼란스러울 것이다. 미래세대들이 이러한 혼란을 극복하고 성취를 이룰 수 있도록 하기 위해서는 가치와 갈망 및 기쁨을 조정하여 일치시켜 갈등을 통제할 수 있는 역량 교육이 다른 어떠한 교육 요소보다 중요하게 될 것이다.

제2장

사회에 대한 이해

사회의 태동

인간은 군거본능과 이해타산적 이유로 여러 형태의 공동체를 구성하고 살아간다. 가족, 혈연, 지역, 민족이나 국가와 같이 태생에 의하여 소속되어지며 자의적인 탈퇴가 불가능한 자연적 공동체, 기업이나 이익단체와 같이 이해타산적인 특정한 목적을 위하여 계약에 의하여 가입과 탈퇴가 이루어지며 각 구성원은 계약에 의하여 명시된 권리와 의무를 갖는 계약적 공동체, 정당, 정치단체, 종교단체, 직능단체, 동호회와 같이 관념적 동질성에 의하여 구성되며 가입과 탈퇴에 강제성이 없는 정치적 공동체 등으로 구분할 수 있다. 이와 같은 실존적 공동체 이외에 특정한 동질성을 가진 부류의 사람들에 해당하는 무형적 집단도 공동체로 볼 수 있다.

어떠한 형태이든 공동체가 운영되는 목적과 목표, 공통적 가치, 문화, 규율 및 제도와 같은 모든 무형적 자산을 포괄한 것을 사회라 한다. 사회는 여러 단계의 계층을 이루거나 독립적인 서로 다른 사회가 상호영향을 주고 받으면서 인류 전체 사회를 구성한다. 사회를 구성하는 개체가 인간이므로 사회의 특성 또한 인간 본성의 연장선에서 이해 할 수 있다. 특히 모든 사회 전체를 하나의 유기체로 보고 개인을 유기체에서 하나의 기능을 담당하는 기관으로 이해하는 것을 '사회 유기체설' 이라 한다. 인류 전체 사회는 수많은 하부 사회의 복잡한 조합으로 구성되어 있으므로 각각의 하부 사회를 하나의 사회적 종으로 보고 이들간의 상호작용을 자연 생태계와의 유사성을 통하여 이해하는 것을 '사회 생물학' 이라 한다.

사회를 이해하는 접근 방법에 있어서 다소간의 차이에도 불구하고 사회를 구성하는 인간의 근본적 특성과 사회 현상의 특성 사이에는 매우 밀접한 연관성이 있다. 따라서 사회는 개체로서 인간이 갖는 본능, 기쁨, 가치, 아름다움 추구, 행복, 갈망이 투영되어 나타난 결과이다. 가치관의 차이, 한정된 자원의 분배 및 우월본능에 의한 경쟁이 개인간의 갈등을 일으키는 것과 마찬가지로 여러 하부 사회들간의 경쟁과 갈등은 필연적이다. 갈등의 해소 또는 완화를 위하여 희생과 권력이 사용되며 이를 통하여 협동을 이끌어 냄으로써 사회를 유지 발전 시킨다.

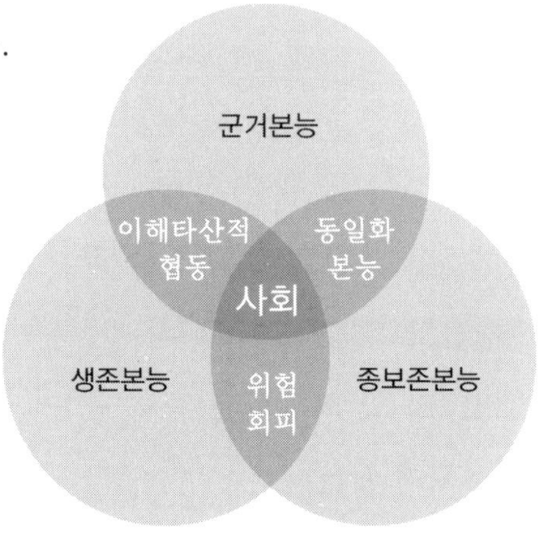

갈등

모든 인간은 본능이라는 공통성을 가지고 있지만 인간의 행동과 사고는 본능 이외의 경험과 교육 및 자유의지에 의하여 형성된 가치관과 주변상황 및 미래가치의 영향을 받아 결정된다. 또한 한 개인이 특정한 한가지 사회에 속하지 않고 여러 다른 종류와 계층의 수많은 사회에 복합적으로 속하여 있음으로써 매우 복잡한 가치의 역학관계가 존재한다. 각 개인은 본인이 속한 여러 사회에서의 가치가 서로 상충하거나 사회의 가치가 자신의 가치와 상충하는 갈등을 일상적으로 겪는다. 이와 마찬가지로 동일한 사회에 속한 개인간에도 소유의 문제와 같은 실존적 갈등에서부터 상호 교류가 이루어질 때의 예절의 문제와 같은 감성적 갈등 및 정치적 성향이나 가치관 같은 이념적 갈등까지 수많은 갈등이 존재 한다. 개인적인 갈등은 일상생활에 상존하는 것으로 마치 수많은 종류의 미생물들이 우리 주변에 상존하듯이 이를 없애거나 줄이는 것은 사실상 불가능하며 이를 해결하고 조정하는 사회적 장치들이 마련되어 비교적 타당하게 운영되고 있는 사회에서는 개인적 갈등이 사회 전반에 큰 영향을 미치지 않는다.

직능단체, 이익단체, 지역, 정당, 국가와 같이 조직화된 공동체는 그 공동체의 목적과 목표가 분명하며 동종의 타 공동체와 배타적인 관계를 갖는다. 상호 협력이 이루어지기도 하지만 많은 경우 자원의 분배와 관련된 이권과 같은 실존적 갈등에서부터 지역정서, 민족, 인종, 문화적 우월주의와 같은 감성적 갈등 및 사회에서의 정치적 주도권 확보를 통한 사상과 체제의 실현과 같은 이념적 갈등이 존재한다. 논쟁과 경쟁 또는 암투와 같은 간접적 충돌이 상존할 뿐만 아니라 경우에 따라서는 폭력과 같은 물리적 충돌로 이어지기도 한다. 이때 갈등이 일어나는 공동체의 계층이 높을수록 파급효과가 크며 국가와 같은 최상위 계층 공동체간의 갈등은 전쟁이라는 파괴적인 충돌을 야기하기도 한다.

신분 계층은 인류 역사상 항상 심각한 갈등 요인이었다. 신분 계층은 정치적 신분, 경제적 신분, 지적 신분으로 구분 할 수 있으나 과거 신분 계급사회에서는 극히 예외적인 경우를 제외하고는 태생에 의하여 주어진 신분에 의하여 이 세가지 요소가 함께 결정되었다. 신분계급 사회에서는 불평등에 기인한 계층간 갈등의 폭발적 표출이 항상 잠재되어 있었다. 다만 교통 통신이 발달되지 않아 계층간의 갈등이 지역적으로 한정 지어져 있어 사회 전체로 확산되지 않음으로써 오랜 기간 동안 균형을 유지할 수 있었다. 출생에 의한 신분 계급사회가 와해되고 시민사회가 확립되면서 표면적으로는 모두가 평등하며 개인의 역량과 노력에 의하여 성취가 이루어진다는 사상이 정립되었다. 그러나 현실적으로 정치적, 경제적, 지적 영역으로 분리되었을 뿐 계층이 엄연히 존재하며 계층간 갈등의 요인은 여전히 잠재해 있다.

사회는 여러 개의 하위 공동체를 상위 공동체가 포괄하는 계층 구조를 가지고 있으며 이때 각각의 하위 공동체는 동일한 종류일 수도 있으며 서로 다른 기능을 하는 하위 구조일 수도 있다. 이러한 공동체 계층 간에도 갈등이 발생 하며 주로 상위 공동체은 현재의 전체 사회 시스템을 유지하기 위하여 하위 공동체의 통제에 주력하는 반면 하위 공동체는 상위 공동체를 통하여 수행되는 자원의 분배나 의사결정에 있어서 비중의 증대 또는 통제에서 벗어난 자율권의 확대를 추구하면서 갈등이 발생된다. 이는 동종 공동체간 주도권 경쟁과는 달리 계층적 사회 구조 및 그 운용 방법에 대한 이념이 충돌하는 것으로 이상적인 사회 건설에 대한 방향과 수단의 차이에 기인한다.

갈등은 자유의지를 가진 각개인의 사고가 다르기 때문에 발생하는 것으로 갈등이 없는 이상사회는 실현될 수 없다. 통제되지 않은 갈등은 파괴적인 표출로 이어져 사회의 균형과 발전뿐만 아니라 개인의 행복과 발전에도 부정적인 영향을 미치지만 합리적인 갈등해결을 위한 사회장치를 통하여 적절하게 통제될 때에는 갈등은 사회의 발전에 긍정적인 영향을 미친다. 갈등을 극복하는 과정에서는 일시적인 혼란과 또 다른 모순을 불러 일으키기도 한다. 더욱이 갈등의 극복을 위하여 변화된 사회체계가 일시적으로 모순이 줄어든 것처럼 인식되었다가 궁극적으로는 역설적이게도 더 많은 모순을 갖게 되는 경우도 있다.

개인의 발전이 불쾌로부터 벗어나고자 하는 의지에서 출발함과 같이 갈등은 현재 사회가 가지고 있는 모순에서부터 벗어나고자 하는 갈망이라 할 수 있으며 사회를 변화시키는 동력일 뿐만 아니라 구성원의 발전을 도모하는 동기로 작용한다. 따라서 갈등이 없는 사회는 더 이상 발전도 없으며 구성원 개개인의 발전에 대한 동기부여도 이루어지지 않는 사실상 죽은 사회이다. 갈등의 에너지로 변화된 사회가 더 많은 모순을 갖게 될 가능성이 있다고 하더라도 인류는 끊임없이 변화를 추구하여 왔으며 전반적으로는 모순이 줄어드는 방향으로 발전 해왔다. 이는 사회 진화론에서 지속적인 변화가 궁극적으로는 보다 체계화된 이상사회로 진화해 가거나 인간이 근원적으로 선하다는 근거일 수도 있다. 또는 인간이 종의 보존을 위하여 파멸로 가는 선택을 회피하는 일종의 이해타산적이며 묵시적인 합의에 의한 것일 수도 있다. 여러 다른 설명이 가능하지만 전반적으로 이상사회를 지향하는 힘이 존재하는 것은 부정할 수 없다.

갈등의 에너지를 사회발전에 적용하는 방법에 있어서 크게 보수적 사고와 진보적 사고로 분류할 수 있다. 보수와 진보는 그 자체가 사회에서 가장 큰 갈등요소이기도 하다. 보수는 현재 상태의 균형을 유지하면서 천천히 조금씩 변화해가더라도 선을 향한 근원적 중력에 의하여 사회가 발전할 것이라는 사상이며 진보는 갈등을 에너지로 하는 사회체계의 도약을 통하여 보다 발전된 새로운 체계에 도달 할 것이라는 사상이다. 따라서 보수는 자신의 기득권을 유지하고자 함이 아니며 진보는 사회를 파괴하고자 함이 아니라 모두 사회의 변화와 발전을 기대하고 있으나 접근방법의 차이일 뿐이다. 보수주의가 중시하는 안정성이 내포하는 정체성으로 인하여 과거 중세의 기나긴 암흑기를 인류에게 가져왔으며 진보주의가 중시하는 혁신성이 내포하는 위험성으로 인하여 과거 인류에게 큰 고통을 준 사회주의를 가져왔다. 보수와 진보는 시간과 가능성, 위험성과 안정성의 딜레마가 만나는 접점이다.

사회체계란 궁극적으로 '갈등해결 구조' 를 말하며 권력적 해결, 희생적 해결, 계약적 해결, 감성적 해결 등의 해결 구조가 있다. 이러한 해결구조는 각각 배타적이며 독립적이라기보다는 갈등의 종류와 특성 및 시대적 상황에 따라 동시에 복합적으로 작용한다.

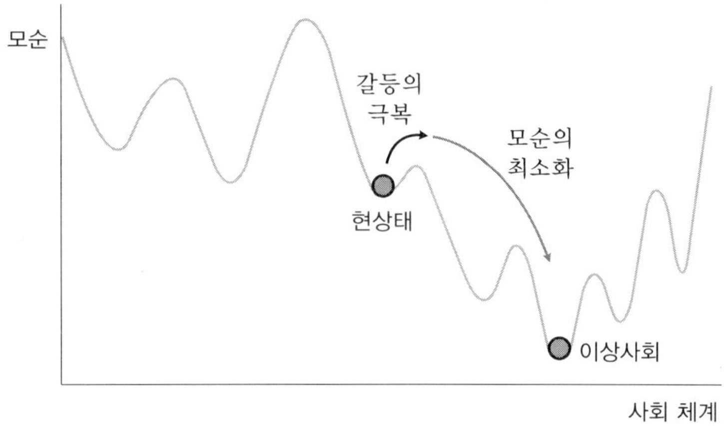

권력

권력이란 남에게 자신의 의사에 반하여 행동하도록 복종시키거나 타인의 자유, 안전, 편익, 자원을 통제할 수 있는 제도화된 힘으로 신분이나 정치적 지위에 의하여 주어진다. 과거 신분 계급 사회에서는 태생적 신분에 의하여 권력의 범위가 정하여졌으나 현대사회에서는 사회의 분업적 특성에 의한 상호 의존성에 기반한 미세한 권력이 상호간 존재하지만 의존성의 불균형에 의하여 권력의 집중이 발생한다. 따라서 권력은 경쟁에서 우위를 점한 자에게 주어지는 당연한 보상중의 하나이다. 권력은 보다 많은 자원과 정보를 확보함으로써 타인의 의존성을 더욱 높여 권력의 집중이 가속화 되는 속성을 가지고 있다.

인간의 군거본능은 타인과 본인을 동일시하고자 하는 대등욕구와 타인보다 위에 있고자 하는 우월욕구를 포함하고 있다. 인간의 권력 추구는 단순한 자원 확보 경쟁이나 서열 다툼을 넘어 타인을 지배함으로써 강한 쾌감을 느끼게 하는 우월욕구의 영향을 크게 받는다. 권력의 속성이 타인의 의사에 반한 지배력을 가지고 있으므로 권력이 없는 상태는 본인의 의사에 반한 행위를 하여야만 하는 불쾌한 상태이므로 불쾌를 벗어나기 위하여 필연적으로 권력에 대한 갈망을 갖게 된다. 따라서 이러한 갈망은 시련을 극복하고자 하는 노력을 위한 동력으로 작용하여 개인의 발전에 긍정적인 영향을 주기도 한다. 그러나 권력을 획득하고 확장하는 과정에서의 쾌감은 중독성이 강하여 권력에 대한 집착과 같은 파괴적인 영향을 주기도 한다.

권력은 주변인이 권력에 협조함으로써 자신도 권력을 가질 수 있다고 여겨 충성함으로써 유지 되는 것이므로 권력자가 권력을 가지고 있다고 주변인이 여기는 동안은 권력이 유지 되지만 권력이 없다고 여겨지는 순간부터 권력은 와해되기 시작한다. 따라서 권력을 유지하기 위해서 권력자는 주변인의 의존성을 높이고 권력을 가지고 있음에 대하여 항상 상기 시켜야만 한다. 본인의 권력을 과시하기 위하여 때로는 과도한 권력행사를 통하여 긴장감 또는 공포감을 조성하거나 추종자에게 추가적인 보상을 받을 수 있는 제 3의 경로 또는 정보를 제공하여 줌으로써 사회에 대한 통제력을 가지고 있음을 과시하기도 한다.

권력은 사회의 갈등을 해소하는 가장 단순하면서도 효율적인 방법으로 과거 신분 계급사회에서는 하위 계층의 갈등은 상위 계층이 판단하고 결정을 내려 권력을 통하여 집행하였다.

이 권력은 보다 상위 계층으로부터 위임하여 진 것으로 계층간의 갈등은 보다 상위 계층의 권력에 의하여 통제된다. 이때 국가권력은 계층적 권력구조의 정점이지만 실제 실행은 조직에서의 대리자가 수행하게 함으로써 최고권력자는 실행 과정 중 발생하는 또 다른 갈등과 모순에서부터 벗어나 있게 된다. 이는 최고권력자를 절대적 선의 현신으로 미화시킴으로써 그 하위의 모든 권력을 합리화하기 위함이며 최고 권력자에 대한 도전은 절대선을 해치는 행위로 공동체의 파괴를 꾀하는 사회악으로 취급하여 가혹한 처벌이 내려지기도 한다.

권력과 유사하게 타인의 행위에 영향을 미쳐 갈등을 해소할 수 있는 또 다른 힘으로 권위를 들 수 있다. 권력은 조직을 통한 타율적 지배인 반면 권위는 관계를 통한 자발적 충성이다. 권력은 사회망을 움직이는 조직이나 제도를 이용하므로 사회망에 펼쳐져 있는 연결고리의 범위와 강도에 기반하며 근접한 추종자만을 통제하여도 전체를 지배할 수 있으나 권위는 강제성이 없음에도 불구하고 보편적으로 이에 순응하도록 하는 전문성과 보편타당성에 기반하며 전체로부터 공감을 확보하여야만 영향을 미칠 수 있다. 따라서 권력에 의한 지배보다 권위에 의한 통치가 더욱 어려우며 아름다운 것이라 할 수 있다.

사회는 모든 권력이 국왕에게 집중되었던 획일적 신분계층 사회에서 계층적 다원사회를 거쳐 수평적 다원 사회로 진화하고 있는 중으로 그에 따라 권력의 분산도 과거와는 다른 양상으로 변화되어 가고 있다. 복잡하고 다양성이 보장된 사회에서는 사회망과 조직에 영향을 미칠 수 있는 정치적 권력, 부의 축적에서 오는 경제적 권력 이외에 다양한 지식과 정보의 생산, 가공, 유통을 통제할 수 있는 지식정보 권력이 생성된다. 지식정보 권력은 일반적으로 고도의 전문성으로 인하여 일반인들이 쉽게 접근할 수 없는 영역이나 이와는 정반대로 대중의 이념이나 가치 또는 행동양식에 영향을 미치는 언론이나 인터넷 공동체와 같이 전통적인 사회에서는 볼 수 없었던 새로운 형태의 권력을 말한다. 따라서 전통적인 입법, 사법, 행정의 3권분립이 권력의 집중을 막는 장치라는 의미는 퇴색하고 정치, 경제, 지식정보 권력의 상호 견제 및 협동과 균형이 사회를 유지하는 기본 체계가 될 것으로 예상된다.

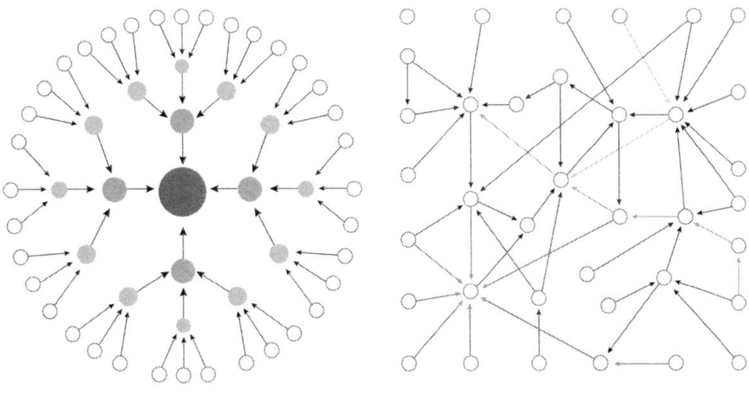

희생

희생이란 대등욕구의 연장선상에서 자아를 자신이 속한 사회와 동일시하여 보다 넓은 의미의 자아인 사회를 보존하기 위하여 객체로서의 자신을 단념하는 것을 말한다. 이러한 사상은 고귀한 가치는 희생을 통하여 완성된다는 종교적 사상과 상당한 유사성을 가지고 있다. 희생의 영어적 어원에 있어서도 sacrifice는 sacer(성스러움) 와 facer(하다, 만들다)가 합하여져 만들어진 단어로 '성스러운 것으로 만들다'라는 뜻으로 희생이 신과 교감하는 통로임을 의미한다. 종교적이 아니더라도 일반적인 사회에서 희생이란 사회의 공리를 위하여 개인의 욕구를 억압하여 다수의 참된 행복을 얻고자 하는 것으로 다수의 행복이 극대화 되어야 한다는 명제가 진이라면 동정심은 선에 해당하며 자기 것을 내어놓는 실천적 행위인 희생은 미에 해당하여 아름다움이 완성되는 것이다.

과거 신분 계급사회에서는 희생이 충성심과 동정심으로 발현되며 갈등을 완화하고 사회를 통합하는 가장 중요하고 고귀한 방법으로 여겨졌다. 하위 계층의 상위 계층을 위한 희생을 충성이라 하며 이에 대한 대가로 상위계층이 하위계층에 대하여 동정심을 느껴 자신의 것을 내어놓는 희생을 자비라 한다. 동일 계층간의 갈등은 예의를 통하여 최소화 할 수 있는 것으로 여겨 졌다. 따라서 사회를 통합하고 안정성을 확보하기 위하여 희생, 충성, 자비, 예절과 같은 도덕과 윤리가 모든 교육의 핵심으로 여겨졌다.

전제주의와 정반대로 신분계층을 부정하는 사회주의에서도 전제주의와 동일한 희생의 개념인 충성심과 동정심이 갈등의 해소방안으로 사용된다. 평등한 인민은 사회주의라는 공리를 위하여 자신을 희생하고 사회주의에 충성하여야 하며 지도자는 인민을 위하여 금욕적으로 사회주의에 봉사하여야 한다는 것이다. 이는 충성과 동정의 대상이 왕과 귀족으로부터 사회주의라는 이념으로 변화 된 것에 불과하다. 신분사회의 안정과 통합을 위하여 도덕과 윤리교육을 강조하였듯이 사회주의는 사회주의 이상에 대한 사상교육으로 희생을 강조한다.

점진적으로 수평적 다원사회로 변화되어가는 현대사회에서는 공리와 개인의 가치를 동등하게 여기거나 더 나아가 개인의 가치를 보호하는 것이 공공의 의무로 보는 개인주의가 확산되고 있다. 더욱이 절대적 가치나 충성의 대상이 명확하지 않게 되면서 과거와 같이 도덕성에 근거한 개인의 희생으로 공리를 추구하는 사상이 설득력을 잃어가고 있다. 이러한 명료한 충성의 대상의 부재를 대체하기 위하여 영웅주의가 사용되기도 하였다. 영웅은 일반적으로 하위계층에서 역경을 극복하고 일어서서 대중을 위하여 본인을 희생하는 것으로 충성의 대상이 절대권력자에서 대중으로 변화 된 것을 의미한다. 이는 대중의 입장에서는 영웅의 희생을 통하여 갈등을 해결하고 대중을 구원하기를 소망하는 메시아 사상과 유사성을 가지고 있다. 이를 위하여 현대교육은 인간의 우월욕구에 기반한 영웅심으로 사회를 위하여 헌신하는 것을 미덕으로 인식한다.

다양성과 복잡성이 증가되고 가치의 판단의 기준이 매우 역동적으로 변화하는 미래사회에서도 공리를 위한 개인의 희생은 필요한 요소로 남아 있을 것이다. 그러나 과거와 같은 윤리교육이나 사상교육 또는 영웅주의로 희생의 아름다움을 설득하기에는 한계가 있으며 새로운 희생의 사상 정립이 요구된다.

협동

사회의 분업적 특성에 의하여 각 구성원이 고유의 역할을 수행함으로써 전체 사회가 유지되지만 구성원들의 역할이 완전하게 독립적이며 공평할 수 없기 때문에 갈등은 피할 수가 없다. 분업적 사회에서 갈등을 완화하고 협동을 이끌어내기 위한 조건은 동질성과 공정성이다. 구성원간 기능적으로는 분업화되어 있더라도 문화나 이념적으로 동질성이 높을수록 갈등이 발생할 가능성이 낮다. 또한 각 구성원들이 스스로의 선택에 의한 자발적 협동이 구성원의 의사에 반하여 구현되는 강제적 협동에 비하여 경쟁과 갈등이 발생할 소지가 낮다.

가족, 민족, 지역, 국가 및 문화와 같이 타고난 동질성은 자발적 협동이 이루어지게 함으로써 갈등의 발생여지가 다소 낮기는 하지만 여전히 갈등은 존재한다. 따라서 보다 포괄적인 동질성을 확보하기 위하여 이념과 사상을 제시하고 구성원으로 하여금 동일한 이념을 추구토록 하여 실질적으로는 강제적 협동일지라도 개개인이 자발적 협동으로 느끼도록 하는 것이 가능하다. 이러한 예로 제국주의와 같이 '조국과 민족의 번영' 이라는 큰 이념의 실현을 목적으로 한다는 대전제에 따라 이를 실현하기 위한 현 시스템에서 개인에게 부여된 임무를 충실히 수행하도록 유도하는 것과 같은 정치적 사상의 세뇌를 들 수 있다. 작게는 '기업의 발전이 부강한 국가 건설의 초석' 이라는 대전제로 애사심을 가지고 강도 높은 노동을 감수하도록 하는 것 또한 이념적 세뇌와 근원적으로 크게 다르지 않다. 현재 까지도 이러한 협동체계는 크고 작은 단위의 사회에서 광범위하게 사용되고 있다.

강제적 협동 사회를 유지하기 위한 가장 원시적 방법은 공포감의 형성이다. 갈등을 유발하는 구성원에 대하여 동질성을 해치는 사회악으로 규정하며 가혹한 징벌을 가함으로써 갈등이 표면화되고 확산되는 것을 막는 야만적 방법이라 할 수있다. 그러나 이러한 방법은 가장 낮은 비용으로 높은 효과를 얻어내는 매우 강력한 수단으로 오늘날에도 공포정치의 활용이 만연해 있다. 직접적인 억압에 의한 협동은 개개인의 역량을 최대한 발휘하지 못하게 되므로 사회 전체적인 총 생산성이 매우 낮아 노동의 강도를 높이고 많은 인력을 동원할 수 밖에 없다. 공포에 의한 협동사회는 지속성이 없어 궁극적으로는 스스로 동력을 상실하여 쇠퇴하거나 외부 충격에 의해 손쉽게 와해된다. 이러한 상황에서 동력을 유지하고 외부 충격에 의한 구성원의 흩어짐을 방지하는 수단으로 갈등의 요소를 외부에 설정하고 적을 분명하게 정의할 수 있는 전쟁이나 위기감 조성을 통하여 극한 대립 관계를 형성함으로써 공통의 적에 대항한다는 동질감을 확보하는 방법이 흔히 사용된다.

앞서 설명한 강제적 협동체계는 동질성의 확보에 있어서 효과적이라 할 수 있으나 역할의 배분에 있어서 구성원 개개인의 특성과 역량을 반영하기 어려우며 공평성에 대한 갈등이 발생할 수 있다. 역할 배분에서의 갈등은 역할에 대한 동기부여를 약화 시켜 만족도와 생산성이 낮을 뿐만 아니라 경쟁 및 결과에 대한 보상과 자원의 배분에 있어서도 갈등을 유발하게 된다. 강제적 협동체계에서는 표준화되고 계량화된 평가 척도를 이용하여 공정성과 개방성을 제공함으로써 갈등이 표면화되고 확산되는 것을 완화할 수 있으나 자율적이고 창의적 노력보다는 평가기준에 맞춘 타율적 역할 수행에 안주 하게 된다. 이러한 사회는 안주에 따른 동력 상실을 보충하기 위하여 지속적으로 평가척도를 변화시키지만 구성원은 다시 새로운 평가척도에 적응하여 안주하는 악순환이 반복됨으로써 경직되고 획일화된 사회로 고사되어간다.

사회가 발달할수록 분산형 자율적 협동사회로 진화해가

며 계약이 사회를 구성하는 뼈대로 사용되는 계약형 협동사회가 사상적 근간을 이루게 된다. 계약은 자발적 의사에 의한 것으로 그 결과에 대한 책임도 계약 당사자가 갖게 됨으로써 갈등이 사회전반으로 확산되는 것을 완화할 수 있다. 과거 태생에 의하여 결정되었던 가장 큰 단위의 사회였던 국가, 문화권 또한 현대사회에서는 본인의 선택에 따라 계약의 일종인 국적 취득이 가능한 이민사회가 점차 보편화 되어가고 있다. 이민 사회는 구성원의 동질성이 약한 반면 문화적 다양성을 증대시키며 사회를 더욱 역동적으로 만들게 된다. 계약사회는 철저한 개인주의에 기반한 무한 경쟁 및 그로 인한 사회적 약자들의 기회박탈로 이어져 결국 또 다른 형태의 신분 계층이 고착화되고 갈등의 누적을 가져올 수 있다. 개인주의에 기반한 계약사회에서 갈등을 최소화 하기 위해서는 소집단의 형성과 세력화를 인정하되 배타성을 경계하여야 하며 경쟁과 갈등을 회피하는 것이 아니라 이를 긍정적 에너지로 활용할 수 있어야 한다. 이를 위하여 국가는 불공정한 계약에 대한 조정, 계약의 종료에 따른 대안의 다양성, 자유로운 이합집산을 통한 역동성 보장 등 사회 시스템을 제공하여야 한다. 특히 계약의 일차적인 책임은 개인에게 있으므로 각 구성원이 올바른 판단을 할 수 있는 역량을 갖추도록 구성원의 교육 수준을 높이도록 노력하여야 한다.

강제적 협동 체제는 안정성과 균형을 제공하는 반면 구성원의 동기 부여 결여로 사회전체의 생산성이 낮다. 한편 자율적 협동 체제는 경쟁을 통한 구성원의 동기 부여로 생산성이 높은 반면 불균형으로 인한 비효율이 발생하며 갈등이 손쉽게 표면화되어 안정성이 낮다. 역사적으로 사회는 동질성에 기반한 획일적 강제적 협동체제에서 이질성에 기반한 다면적 자율적 협동 체제로 변화되어 왔으며 이러한 경향은 앞으로도 더욱 가속화 될 것이다. 성숙한 사회는 다양성에 의한 불안정성을 제어할 수 있는 체계를 갖춘 사회를 말하며 다양성과 자율성이 지속적으로 확대되는 순환구조 속에서 발전동력을 확보할 수 있다.

자발적 협동

강제적 협동

계약적 협동

가변 사회

국가는 지금까지 공동체 개념으로써 가장 큰 단위였으며 일부 국가를 제외하고는 지역, 민족, 언어, 문화, 사상을 공유하였으므로 국가를 사회라는 개념과 동일시 하였다. 다민족국가에서도 동질성을 확보하기 위하여 언어, 문화, 사상의 통일을 추구하고 하나의 단위임을 강조하여 왔다. 국가의 개념은 인류 문명 발달 초기에 외부로부터의 위협에 대응하고 세력 확장을 위한 집중된 힘이 필요함에 따라 탄생한 개념으로 수천 년이 지난 오늘날까지도 국가는 권력과 사회 및 동질성의 기본 단위로 여겨진다. 사회가 발달할수록 국가의 범주를 넘어서는 공동체가 형성되고 국가 또한 개인의 선택의 문제가 되면서 국가의 구성원에 대한 통제력이 약화되는 등 국가주의가 쇠퇴하고 세계를 하나의 공동체로 보는 세계화가 빠르게 진행되고 있다.

세계화는 개인이 하나의 국가의 범주 안에 머물러있지 않고 여러 다른 국제화된 공동체에 속함으로써 다면성이 증대되는 반면 전세계가 유사한 가치와 문화로 획일화 되어가는 양면성을 가지고 있다. 세계화는 경쟁의 대상과 강도가 높아지고,

경쟁의 결과로 확보한 주도권이 전세계적으로 영향을 미칠 뿐만 아니라 그로 인한 상상을 초월하는 규모의 이권이 뒤따름을 의미한다. 따라서 세계화는 첨예한 여러 갈등들이 서로 복잡하게 얽혀있게 됨을 피할 수 없다. 한편 갈등의 결과가 전세계적으로 파급효과를 갖게 됨으로써 전체인류를 파멸로 이끌 수 있는 위험성이 있음에도 불구하고 절대 권력과 같은 최후의 갈등 해결 수단이 없는 매우 취약한 상태이다. 세계화가 진행됨에 따른 부작용이나 반대 의견도 무시할 수 없을 만큼 크지만 경직된 국가사회에서 벗어나 역동적인 세계사회로의 전환은 단순히 권력과 사회의 문제를 떠난 문명의 발전단계로 이미 거스를 수 없는 흐름이며 이러한 변화에 준비하고 적응 하여야만 생존할 수 있다.

사회는 앞서 설명하였듯이 획일적인 중앙 집권형 국가사회에서 점차 다양한 세계적 공동체가 형성되는 글로벌 다원사회로 변화해 가고 있다. 획일화된 동질성으로 구성된 사회는 절대선을 근간으로 결합이 강한 사회를 구성함으로써 외부 충격에도 견딜 수 있다. 그러나 어느 한계를 넘는 충격에 절대선이 무너지는 순간 사회는 완전히 붕괴될 가능성이 있으며 경직된 사회 구조로 인하여 변화에 적응하지 못함으로써 도태될 수도 있다. 이와 반대로 다원사회는 동질성이 약하기 때문에 구성원간 약하게 결합되어 있으며 손쉽게 흩어지고 새로운 공동체 결합을 형성한다. 따라서 작은 외부 충격에도 손쉽게 소집단이 와해 될 수 있으나 흩어진 구성원들이 또 다른 공동체를 형성하기 때문에 강한 외부 충격에도 전체 사회는 지속적으로 변화하면서 적응하여 간다.

유연한 사회체제에서는 공감대가 형성된 것은 빠른 속도로 확산되고 새로운 구성원들이 참여하게 되면서 공동체가 팽창하게 된다. 하나의 공동체가 팽창하면서 임계치를 넘어 비대해지면 스스로의 모순에 의하여 붕괴되고 흩어진 자원과 구성원이 다른 형태로 뭉쳐 새로운 공동체가 형성되는 이합 집산이 무한히 반복되면서 역동적으로 변화하는 사회를 구성하게 된다. 오늘 날의 사회가 점진적으로 이와 같은 유연한 다원사회로 변화해 가고 있지만 아직도 많은 사회가 획일적 동질성에 기반한 안정감에 안주하여 있다.

사회발전은 복잡한 상호작용을 통하여 모순을 최소화하는 일종의 최적화 문제라 할 수 있다. 고대 문명과 같은 경우 뛰어난 제왕과 그 측근 몇 사람에 의하여 사회의 조직과 제도가 설계되고 이를 구현함으로써 설계에서 벗어나는 갈등은 억압하거나 제거하는 방법으로 최적화 되었다. 이후 사회가 복잡하여

지면서 소수에 의한 사회의 설계가 불가능하였으며 다양한 갈등이 표출되면서 작은 갈등은 관료들에게 위임하고 왕권과 같은 중앙 권력은 전체적으로 사회를 통제하기 위하여 문제를 단순화 하거나 변형 또는 왜곡하여 최적화를 시도하였으며 이는 실제 본질에서 벗어난 해결책인 경우가 많았다.

다원적 사회에서는 과거와 같은 전체적인 최적화가 불가능하며 공동체들의 상호작용에 의하여 각각의 갈등에 대한 한정된 영역 내에서 최적화가 이루어진다. 한정된 영역에서 최적화된 방안은 시간이 지남에 따라 사회 전체로 확산됨에 반하여 비 효과적이거나 부정적인 방안은 스스로의 모순이나 인접 공동체와의 상호작용에 의하여 소멸되며 갈등의 요인이 되는 공동체 자체가 소멸되기도 한다. 유연한 다원적 사회는 매 순간순간 변화하면서 그 상황에서 최적화가 이루어지는 역동적인 최적화가 일어난다. 이때 각각의 영역에서 일어나는 최적화는 사회전체에 부정적 또는 긍정적인 영향을 미치지만 오랜 시간 동안 사회 전반적으로는 선을 향하는 방향으로 최적화될 것으로 여겨진다. 이러한 사상은 자연 생태계의 균형, 생물의 진화, 인류 문명의 발전과정과 같이 작은 변화들이 합하여져 궁극적으로는 선을 이루는 것과 같이 신에 의한 계획에 의한 것이거나 인간이 근원적으로 선하다는 성선설과 같은 종교적 사상과 뿌리를 같이 하고 있다.

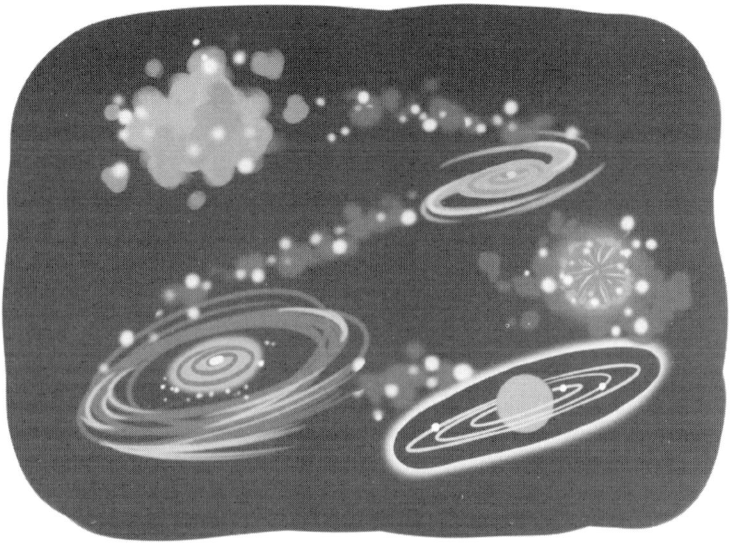

공감

사회의 구조가 단순하고 그에 따라 발생하는 갈등도 정형화 되어 있던 시대에는 갈등의 완화 및 해소 구조 또한 단순하였다. 사회의 동질성을 유지하기 위한 사상의 정립, 계층간의 역할 분담과 갈등 완화를 위한 동정심과 충성심, 동일 계층간의 갈등을 완화하기 위한 예절과 도덕이 사회를 통합하고 갈등의 발생을 억제하기 위한 장치였다. 신분 계층의 상하관계가 불분명하며 기능적으로 역할이 나뉘어져 상호 의존적으로 복잡하게 얽혀 사회망을 구성하는 현대 사회에서는 동질성의 확보가 어려우며 동정심, 충성심, 예절, 도덕과 같은 추상적 윤리로 사회를 지탱하기에는 역부족이다. 복잡하고 다양한 현대사회에 감성적 갈등해소가 적용되기 위해서는 과거 단편적이고 정형화된 윤리에서 벗어나 보다 포괄적이며 가변적인 윤리가 정립되어야 한다.

타인과의 교류에 있어서 가장 원천적인 감성적 요소를 공감이라고 한다. 공감이란 타인이 느끼는 감정과 의도를 함께 느끼는 것으로 제한적이나마 지능이 높은 몇 종의 동물에게서도 유사한 행동양식이 관찰되기도 하지만 이는 인간만이 가지고 있는 고도의 정신작용으로 여겨진다. 공감은 상대의 미세한 표정, 목소리, 행동의 차이로부터 상대의 감정 상태를 파악하며 그와 유사한 감정이 자신에게도 일어나게 되는 작용이다. 공감은 부모자식간의 유대감이나 정서발달, 행복감과 같은 감성적인 영역뿐만 아니라 학습, 대화, 협동 및 성취에 이르기 까지 모든 자기외적인 것과 연관된 사고와 행위에 영향을 미친다.

내가 아닌 다른 개체와 상호작용하기 위해서는 우선 자아에 대한 인식이 필요하다. 이는 정서적인 개인의 자아뿐만 아니라 사회에서의 자신의 위치, 역할, 역량에 대하여 냉철하고 객관적으로 판단할 수 있는 사회적 자아인식이 요구된다. 이러한 바탕 위에서 자신의 가치 기준을 통하여 타인을 보는 것이 아니라 나와 다른 타인을 있는 그대로 받아들이는 것이 공감이다. 인간은 동일화 욕구에 의하여 타인과 자신을 동일시함에 따라 내가 다른 사람과 같아지고자 하기 때문에 자신의 생각과 가치관이 수정되기도 하지만 역으로 타인도 나와 같아지기를 원하기 때문에 타인의 생각과 가치관이 나와 일치 하지 않는 경우 불쾌를 느끼며 갈등이 발생한다.

모든 인간은 고유한 가치관과 자유의지를 가지고 있어 완전한 동질성을 확보한다는 것은 불가능하다. 따라서 공감이란 타인을 나와 동일시 하는 것이 아닌 나와 다름을 인정하는 것이다. 이러한 의미에서 공감이란 고도로 다양화된 사회의 각 구성원들이 각자의 사회에서의 역할의 가치를 인정하고 상호 작용함으로써 긴장과 갈등을 완화하여 결속력이 강한 협동이 이루어 질 수 있도록 하는 성숙한 사회의 필수요소이다. 더 나아가 공감은 지금까지 인식하지 못했던 복합적 문제를 인식하고 이를 해결할 뿐만 아니라 미처 발견되지 못했던 사회의 발전 에너지를 찾아내는 도구이다.

공감은 매우 아름다운 가치임에는 틀림없는 사실이나 현대사회와 같이 치열한 생존 경쟁사회에서 감상적인 공감으로

사회 통합을 이루고 협동하게 하여야 한다는 주장은 현실적이지 않은 공허한 외침일수 있으며 사회구성원이 서로 공감하여야 한다는 획일적 이념으로 변질될 수 있다. 공감이란 동질성을 갖는다는 감성의 문제가 아닌 타인을 설득하고 이해하고 협동하는 행동양식의 문제이다.

제3장

문화에 대한 이해

문화의 정의

문화 또는 정신문명은 크게는 인간이 이루어낸 모든 정신적 산물을 일컬으며 작게는 집단에서 보편적으로 공유되는 가치관, 사고방식, 행동 및 생활 양식 등을 의미하지만 광범위하고 추상적인 영역을 포괄하고 있어 명확히 정의하기는 어렵다. 영어의 culture는 경작을 의미하는 라틴어에서 유래하였으며 16세기부터 교육의 의미가 더하여져 19세기부터서는 문명의 모든 지적 요소 또는 인간이 이룩한 모든 관습의 총합이라는 의미로 사용되었다. 한문에서의 문화는 '글로 다스려 착하게 하다' 라는 뜻의 문치교화에서 유래한 것으로 동서양 모두 문화를 교육의 산물로 보는 사상을 내포하고 있다.

인간은 자유의지에 따라 자신의 가치관을 정립하고 이를 주어진 상황에 따라 적용하는 사고방식이 형성된다. 따라서 개인의 행동양식은 가치관과 사고방식에 의하여 결정된다. 사회를 구성 하는 개인은 각자의 독특한 가치관, 사고방식, 행동양식을 가지고 있지만 구성원 전반에서 보편적이며 공통적으로 나타나는 특징이 존재하며 이를 그 사회의 문화라 한다. 이때 문화는 사회체계, 산업, 과학기술뿐만 아니라 개인의 가치관, 사고방식 및 행동양식의 형성에 영향을 미치는 순환 고리를 형성한다. 따라서 문화는 종교, 의식, 예절, 식생활, 의복, 소비형태, 유희, 예술, 사회제도 등 모든 사고방식과 행동양식에 영향을 미친다.

인간은 군거본능에 기반한 동일화 심리에 의하여 자신이 속한 사회의 문화에 순응하게 되고 교육을 통하여 이러한 순응을 가속화 시킨다. 이때 문화에 순응하지 않은 개인에 대하여 괴이하게 여기며 배척할 뿐만 아니라 심지어는 심각한 갈등과 억압이 일어나기도 한다.

문화는 개인과 사회에 따라 각각 고유한 특성을 가지고 있어 객체간 상호작용하면서 다양성을 더욱 확대 시키기도 하지만 갈등을 불러 일으키기도 한다. 많은 문화적 갈등이 문화 수준이라는 척도를 적용함에서 기인한다. 신분 사회에서 상위계층은 하위계층의 문화를 저급문화로 간주하여 하위계층의 존엄성을 침해하거나 국가간에도 국력이 강한 국가는 상대적으로 취약한 국가의 문화에 대하여 야만으로 치부하여 계몽이라는 명분으로 침략과 문화 말살을 자행하기도 한다. 문화수준이라는 척도를 적용하는 것 자체가 가치관의 다양성을 부정하고 자신의 가치관을 절대적 가치관으로 여기는 폐쇄적 사고에 기인한 것으로 낮은 문화 수준에 해당하는 행위로 볼 수 있다.

비록 문화 수준의 척도라는 정의 자체가 모순을 내포하고 있으며 명확하게 정의 될 수 없지만 가치 공간에서 이성-관념-공리에 해당하는 영역을 보다 높은 가치로 추구하는 가치관, 사고방식, 행동양식 및 사회 체계를 높은 수준의 문화로 이해할 수 있다. 즉, 높은 수준의 문화란 이성적 합리성과 인간의 존엄성을 중시하는 문화를 일컫는다.

삶과 죽음

출생과 죽음은 모든 인간이 동일하게 반드시 거쳐가는 시작과 끝이다. 동물과는 달리 인간은 출생과 죽음에 대하여 매우 중대하게 의미를 부여하며 의식을 치를 뿐만 아니라 타인의 출생과 죽음에 대하여 슬픔과 기쁨이 교차하는 매우 복잡하고 격렬한 감정 상태를 겪게 된다.

출생과 죽음에 대한 사고와 의식은 그 문화권의 우주관 또는 세계관을 반영하고 있으며 삶의 의미와 방식에 대한 인식의 표출이라 할 수 있다. 이러한 삶과 죽음의 문화는 종교적 영향을 받았거나 또는 이러한 문화가 종교의 체계 형성에 중대한 영향을 주었기 때문에 종교와 매우 밀접하게 연관되어 있거나 또는 종교와 동일시 여겨질 수 있다. 삶과 죽음의 문화는 모든 문화적 요소의 철학과 양식을 결정하는 근원적인 출발점으로 수많은 예술과 문학의 주제가 되어 왔다.

대부분의 종교는 사후 세계를 인정하고 현재의 생에서 선과 의를 행함으로써 다음 생에서의 구원과 행복을 얻을 수 있는 것으로 여겨진다. 이러한 사상은 개인에게 현재의 삶에 의미를 부여할 뿐만 아니라 사회를 통합하기 위한 충성과 자비와 같은 사상의 기초가 되었다.

그러나 현대에 와서는 과학 기술의 발달로 우주관이 크게 변화되고 사후세계에 대한 믿음이 약화되어 죽음을 단순히 물질적 생명의 종료로 인식하게 되면서 종교의 문화에 대한 영향이 약화되었다. 이에 따라 현재 삶의 의미에 대한 혼돈이 심화되고 선과 의를 행함으로써 다음 생을 준비한다기 보다는 개인과 가족의 행복과 같은 현재의 삶에서의 즐거움을 중시하는 개인주의가 확산되었다. 이러한 사상은 개인에 있어서는 삶을 공허하게 여겨 정서적 안정을 해칠 뿐만 사회적으로 통합을 약화시켜 사회 안정성에 부정적으로 작용할 수 있다.

삶의 의미에 대한 혼돈과 사회의 불안정성을 극복하기 위해서는 삶의 가치가 사후세계를 대비하는 것이 아닌 삶 그 자체로서 고귀한 것이며 인간의 존엄성을 최고의 가치로 여기는 사상과 문화의 정립이 요구된다. 이를 위한 실천적 행동 양식으로는 건강하고 즐거운 정서를 배양하는 높은 수준의 문화가 형성 되고 이에 사람들이 자연스럽게 동화 되도록 하여야 한다.

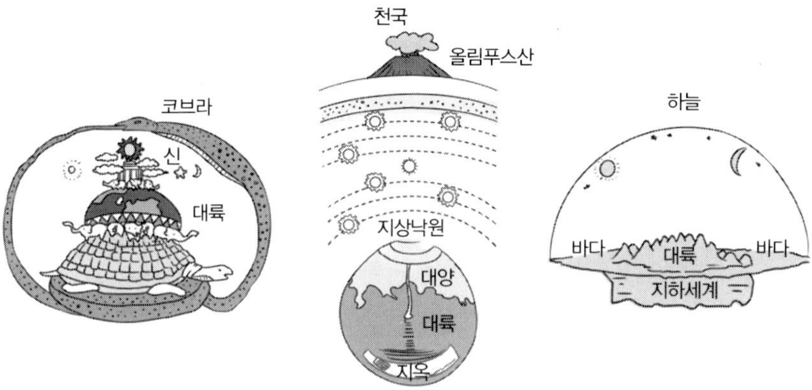
코브라
신
대륙
천국
올림푸스산
지상낙원
대양
대륙
지옥
하늘
바다
대륙
바다
지하세계

소통

문화란 사회에서 공통적으로 나타나는 정신적 특징이므로 문화를 형성하기 위해서는 구성원간의 소통이 필수적일 뿐만 아니라 소통하는 양식 자체가 문화이다. 소통의 가장 중요한 수단은 언어이며 예절, 의복 또한 소통의 중요한 수단이다.

언어는 생각을 구체화하고 의사를 전달하는 수단으로 그 문화에 속한 구성원의 사고방식을 반영할 뿐만 아니라 구성원의 사고방식 형성에 중대한 영향을 미친다. 언어의 발달은 자연환경이나 문화의 영향을 받아 사물을 표현하는 단어가 발달한 언어가 있는 반면 상태를 표현하는 단어가 발달한 언어가 있다. 문장 구조에 있어서도 주술 관계 및 시제 등이 명확한 언어가 있는 반면 함축적 의미 전달이 보편적인 언어가 있다. 언어는 말 또는 글을 통하여 상대에게 의사를 전달한다. 글을 통한 의사 전달은 단어나 문장 구조의 선택이 말에 비하여 치밀하게 이루어져 정확한 의사 전달이 이루어지는 반면 말을 통한 의사 전달은 단어나 문장의 구조뿐만 아니라 억양과 표정 및 제스처를 통하여 감정의 전달이 함께 이루어 진다. 따라서 억양, 표정, 제스처 등도 넓은 의미의 언어로 볼 수 있다.

원시시대의 의복은 추위와 같은 환경적 위협으로부터 신체를 보호하는 목적이었으나 더 나아가 화장, 머리 및 장신구까지 의복의 범위가 확장되었다. 문화가 발달하면서 의복은 자신의 신분과 권위, 감정과 의사를 간접적으로 전달하거나 자신의 마음가짐을 구체화하고 스스로를 통제하기 위한 수단으로 발전하였다.

소통함에 있어서 언어, 의복, 행동 등 총체적으로 나타나는 양식을 예절이라 한다. 동양에서 예란 어질고 사양하는 마음이나 겸손과 같이 내재적 마음가짐을 예의 기본으로 여기고 있으며 서양의 manner는 상대를 배려하는 행동양식과 같이 행동규범으로서의 의미가 강하다. 예 또는 예절의 정의는 문화마다 다소간의 차이를 갖더라도 도덕성을 가지고 상대를 배려하는 절제된 행동이라는 공통 점을 가지고 있다. 어느 문화권이나 예절을 지키지 않은 소통은 의사와 감정의 전달이 매우 제한적이며 심지어 구성원으로부터 배척되기도 한다. 따라서 예절은 소통의 가장 기본적인 형식이라 할 수 있다.

소통의 궁극적 목표는 전달이라기 보다는 상대방으로 하여금 나의 생각과 감정에 공감하도록 하는 것이다. 이러한 공감이 이루어졌을 때 의사를 전달한 사람이나 전달 받는 사람 모두 동질감의 확인에서 오는 안정적 행복감을 느끼게 된다. 공감은 내가 상대와 같은 상황에서 느끼게 될 감정을 상상하여 느끼는 것으로 공감하는 소통은 인간의 궁극적 이상인 행복을 향한 통로라 하여도 지나침이 없을 뿐만 아니라 군거본능을 가지고 있는 인간의 필수 생존요소라 할 수 있다. 인간이 소통할 때에는 상대방이 전달해온 것에 대하여 자신의 사고와 지식을 통하여 재구성하면서 인지하고 형상화 하기 때문에 정확하게 자신의 생각을 상대에게 옮기려는 시도 보다는 상대의 생각이 더하여져 변형되고 확장될 수 있는 여지를 두는 것이 원활한 소통에 도움이 될 뿐만 아니라 예절에도 합당한 소통 방식이라 할 수 있다.

과거 개인간 직접적으로 대면하는 소통이 주를 이루던 시대에는 문화의 확산이 제한적이어서 고유한 전통과 문화가 오랫동안 유지 계승될 수 있었다. 20세기에는 신문, 방송과 같은 대중매체의 발달로 일대다 단방향 소통이 여론 및 문화의 형성에 가장 중요한 역할을 하게 되었다. 21세기 정보사회에 들어가면서 인터넷을 통한 다대다 양방향 소통이 가능해지면서 인터넷은 문화를 형성해가는 가장 중요한 매체가 되었다. 더 나아가 스마트폰의 보급으로 개인간의 의사소통 방식에 있어서도 음성보다는 문자를 주로 사용하게 되면서 억양과 표정 및 제스처를 통한 감정의 소통이 약화되었으며 언어에 있어서도 큰 변화를 가져왔다. 문자 중심의 소통은 감정 전달이 부족하여 공감이 제한적일 수 밖에 없다. 그에 따라 자신의 감정을 다소 과장되게 표현하게 될 뿐만 아니라 상대의 감정 변화를 관찰하며 자신의 표현을 제어하게 되는 피드백 과정이 결여되어 자극적인 언어가 사용될 가능성이 높다. 최근 문자 이외의 다양한 형상과 기호(이모티콘)의 사용이 늘어나는 것은 표정과 같이 함축적으로 감정을 전달 하고자 하는 시도로 볼 수 있다. 향후 정보시스템을 이용한 소통에 있어서 감성의 전달을 위한 더욱 다양한 방법들이 발전할 여지가 있다.

유희

인간은 본능적으로 즐거움을 추구하며 일부 지능이 높은 동물에서 관찰되는 놀이와는 달리 매우 다양한 형태의 유희를 즐긴다. 유희란 생존과 관련되어 필요에 의한 행위와 구별되는 즐거움을 얻기 위한 자발적인 모든 행위를 일컬으며 오락 과 여흥, 스포츠, 예술, 요리 등과 같이 행위 자체로서의 의미보다는 그것이 불러일으키는 감정에 대한 것을 의미한다.

인간이 유희를 즐기는 이유에 대하여 명료하게 설명하기 어렵지만 강박의 해소, 감정의 정화, 정신적 휴식과 같은 치유적 효과를 가질 뿐만 아니라 집단적 유희를 통한 동질감의 형성 등 사회적으로도 매우 긍정적인 효과를 갖는다. 유희를 통하여 즐거움을 느끼는 메커니즘 또한 명확하게 설명되어지기는 어려우나 모든 유희는 해방, 긴장, 쾌감 이라는 공통적 요소를 가지고 있다. 즉, 생존과 같은 현실적 강박과 한계에서 벗어난 일탈과 변화 속에서 적절한 수준의 긴장과 기대를 느끼며 그에 집중하여 현실세계 속에서 누적되어 왔던 강박과 걱정을 잊어버림으로써 불안한 감정의 악순환 고리를 끊게 된다. 이후 성취나 긴장의 해소를 통하여 쾌감을 느끼며 현실세계에서 누리지 못하였던 만족감을 누리게 된다. 유희가 제공하는 해방, 긴장 및 쾌감은 적절히 통제되지 못하면 퇴폐와 중독으로 이어질 수 있는 위험성을 내포하고 있다.

유희 문화는 시대와 지역에 따라 다양하게 나타나며 각각 독특한 형태를 갖는다. 신분 사회에서는 왕과 귀족들의 유희 문화를 고급 문화로 여기며 서민들의 유희 문화를 저속한 문화로 치부하였다. 경제적 풍요는 유희의 기회를 더 보장 하지만 모든 사람은 그가 속한 상황 속에서 유희를 찾아 즐기며 어느 것이 더 가치가 높은 유희 문화라 할 수 없다. 다만 가치공간에서 감각-실존 영역에 해당하는 세속적 유희보다는 관념-이성영역에 해당하는 예술, 지적 유희 등을 보다 숭고한 것으로 받아들여지는 것이 일반적이지만 이와 같이 단정할 수는 없다.

유희의 형태는 자신이 직접 실행하는 행위를 매개로 하는 것과 타인의 행위 또는 행위의 결과물을 감상하는 것과 같이 감각을 매개로 하는 것으로 구분될 수 있다. 행위를 매개로 하는 유희는 자발적이며 지속적인 훈련과 연습을 수반하며 성취감을 느끼게 한다. 그러나 이는 개인의 노력이 요구될 뿐만 아니라 시간, 공간 및 경제적 제약을 받는다. 감각을 매개로 하는 유희는 비교적 적은 노력이 요구되며 시간, 공간 및 경제적 제약이 상대적으로 작아 보다 대중적으로 보급되기 쉬우며 안정감과 휴식을 제공하는 특징이 있다. 유희의 형태는 경제, 공간, 시간과 같은 자원의 충족도에 따라 다르게 나타나는데 일반적으로 자원이 부족한 상황에서는 한정된 자원을 활용한 제한적인 창작활동, 여흥, 스포츠 활동과 같은 행위를 매개로 하는 유희가 주를 이루나 자원이 어느 정도 충족된 상황에서는 공연관람, 예술작품 감상과 같은 감각을 매개로 하는 엔터테인먼트에 해당하는 유희로 범위가 확대된다. 충분한 자원이 확보된 상황에서는 비교적 많은 자원이 요구되는 예술 창작활동, 스포츠, 레크리에이션과 같은 직접적 행위를 매개로 하는 유희가 활성화 된다.

세계화

오늘날에는 교통 통신의 발달로 한 지역이나 국가의 문화가 전세계적으로 빠르게 확산된다. 이러한 급속한 확산은 문화적 동질화가 전세계적으로 일어나게 하며 상대적으로 취약한 문화가 소멸되게 함으로써 다양성을 감소시키는 위험성을 가지고 있다. 일반적으로 미국 문화의 세계적 확산을 문화적 제국주의로 보며 세계화를 미국화와 동일시하는 경향이 강하다.

세계화 현상에 대응하여 문화적 상대주의 사상을 정립하고 문화의 고유성과 다양성을 유지하고자 할 뿐만 아니라 문화적 민족주의 또는 국수주의를 기반으로 자국 문화의 보존과 세계화를 추구한다. 세계화가 부정적인 측면과 긍정적인 측면을 모두 가지고 있지만 취약한 문화의 소멸이 경쟁의 결과라는 점을 부정할 수는 없다.

문화적 세계화의 주도권을 미국이 갖게 된 것은 다음과 같은 요인의 결과로 볼 수 있다. 가장 큰 요인은 미국이 이민 사회로서 구성원의 다양성을 확보함으로써 다양한 문화의 융합으로 문화 창출이 활발 하였다는 것과 창출된 문화가 이민자를 통하여 본국으로 빠르게 확산 될 수 있었다는 점이다. 두 번째 요인으로는 대중문화가 산업 및 사회 전반에 미치는 파급효과를 일찌감치 인식하고 이를 국가적 차원에서 장려하였다는 점이다. 대중 문화를 저급 문화로 간주하는 사고방식은 국가의 문화적 기반을 취약하게 하여 경쟁에서 실패하게되는 중대한 요인으로 작용하였다. 세 번째 요인으로는 전세계적으로 시대의 변화와 관계없이 받아들여 질 수 있는 보편적 공통 요소를 극명하게 부각 시킴으로써 여러 다른 문화권에서도 이를 손쉽게 받아들일 수 있었다는 점이다. 일부 국가에서 자국 문화의 특수성을 기반으로 하는 문화수출을 시도하고 있으나 이는 색다름이라는 지극히 제한적이며 일시적인 현상에 불과하여 지속 가능하지 않을 뿐만 아니라 사람들의 사고와 생활 방식을 바꾸기에는 역부족이다.

인터넷의 발달에 기반한 다대다 소통환경에서는 미국과 같이 대자본에 기반한 확산이 아니더라도 손쉽고 빠르게 전세계적인 확산을 이룰 수 있다. 이와 같은 확산 경로가 열려있다고 하더라도 세계 인류가 보편적으로 공감할 수 있는 공통성을 가지고 있지 않은 경우에는 확산되기 어려우며 사고방식과 생활 방식에 영향을 줄 수 있는 요소가 없이는 지속성을 확보하기 어렵다.

세대차이

세대차이는 어느 시대에나 어느 지역에나 있어왔다. 세대간의 문화 차이는 크게 생물학적 연령에 따른 사고방식의 변화에 의한 것과 특정 세대가 겪은 사회적 환경에 의한 것으로 구분할 수 있다. 연령에 따른 사고방식의 변화는 시대적 특성에 관계없이 일반적으로 젊은 세대는 진취적이고 모험을 즐기며 직접적 화법으로 소통하는 것을 특징으로 하며 고 연령대로 갈수록 보수적이며 안정성을 중시하며 예절에 따르는 간접적 화법으로 소통하는 것을 특징으로 한다. 이러한 연령에 따른 세대차는 자연스러운 현상으로 변화를 추구하는 신세대의 동력과 기존의 체계를 유지하고자 하는 구세대의 안정성이 균형을 이루어 사회가 안정 속에서 발전하도록 하는 긍정적인 역할을 한다.

특정 시기에 태어난 세대는 그 시기에 일어난 정치 경제적 상황을 겪는 과정에서 그 세대의 특징적인 사고방식과 행동양식을 형성하게 된다. 특히 전쟁이나 경제공황 또는 정치적 격변을 겪은 경우 그 이전 세대와는 확연히 다른 문화를 형성하게 되며 이러한 문화의 차이는 많은 사회적 갈등을 야기 시키기도 한다. 그러나 인류는 역사적으로 수많은 경험을 통하여 세대차이를 극복하기 위한 여러가지 사회, 문화적 소통 장치들을 갖추고 있어 세대 차이가 심각한 갈등을 동반하는 사회 문제로 확대되지는 않는다.

급격한 산업화를 겪은 2차 대혁신과 정보사회를 가져온 3차 대혁신은 짧은 시간에 이루어진 급격한 변화로 인하여 인류가 경험해보지 못했던 대단히 큰 세대간의 문화차이를 가져왔다. 전통적인 세대간 소통장치들이 이러한 급격한 세대차이에 대하여 효과적으로 대응하지 못하였으며 개인주의의 발달과 핵가족화가 가속화 되었다.

3차 대혁신 후 태어난 세대들은 구 세대와는 전혀 다른 지식정보 획득방법을 사용하고 다대다 양방향 매체를 사용하며 스마트폰을 통한 문자와 소셜 네트워크를 통하여 소통함으로 신인류로 분류될 정도로 문화적으로 구세대와 단절되었다. 기성세대는 신세대의 특성을 이해하지 못할 뿐만 아니라 소통의 방법에도 적응하지 못하고 있다. 새로운 세대가 기존의 문화에 순응하여간다는 대전제가 퇴색하고 구세대가 새로운 문화에 적응하여야 하는 역설이 발생하였을 뿐만 아니라 신세대를 이해하기 위한 극심한 강박에 시달리고 있어 가정과 사회에서 갈등이 빈번하게 발생하고 있다.

새로운 혁신 시대에는 세대간의 격차가 더욱 심화 될 것이며 이를 극복하기 위한 사회 장치와 문화의 정립이 없이는 지속적 발전 동력을 상실하게 될 뿐만 아니라 사회와 문명의 안정성이 크게 위협받는 상황이 전개될 수도 있음에 유의하여야 한다.

제4장

기술에 대한 이해

대혁신

과학기술은 자연 현상에 대한 이해와 응용 및 도구와 방법에 대한 것으로 인류 문명의 가장 핵심적인 한 축을 이루고 있다. 과학기술의 진보는 이미 알려진 사실에 새로운 생각과 방법의 발견이 꾸준히 더하여지고 이것이 주변과 후세로 전달되어져 단편적으로 알고 있었던 원리가 통합되어 보다 복잡한 현상을 설명하는 보편적 원리로 발전하거나 다른 기술과 결합되어 보다 복잡하고 정교한 새로운 기술로 끊임없이 진화하고 있다

과학 기술은 생존을 위한 음식을 확보함에 있어서 채집과 수렵을 보다 효과적으로 수행하기 위한 도구들을 창조하면서 시작되어 다양한 도구 및 방법을 포함하는 기술로 발전 되면서 지금까지 3번의 대혁신이 있었다. 문명의 1차 대혁신기인 BC 3000년 전후 자신이 살고 있는 영역을 벗어나 나와 접하고 있는 이웃영역에 대한 인식이 높아져 타 부족과 민족을 통합하고 지배하기 위한 국가와 계급을 기반으로 하는 고대 문명이 형성 되기 시작하였다. 고대국가의 형성 과정은 무기의 발달에 기반을 두고 있어 우수한 무기를 제조하는 기술을 선점한 자가

권력을 갖게 되었다. 이후 영토를 확장하여 보다 많은 부족을 지배하고 많은 자원을 확보하기 위한 끊임없는 전쟁의 연속이 시작된다. 먼 곳의 전장에 물자를 보내고 세금과 같은 자원을 권력자에게 수송하기 위하여 도로와 마차 등 교통수단이 발달하면서 영토확장은 더욱 가속화되고 광범위한 영역으로 확대된다. 권력자와 먼 거리에 있는 군대 및 관리들과 의사 소통을 위한 전달체계 또한 점진 적으로 발전하였다.

BC2000년 이후부터 15세기 말까지 과학기술과 문명은 약간의 발전은 있었으나 큰 혁신이 없는 잠복기였다. 15세기의 무기, 교통수단, 자연과 우주에 대한 이해 및 생활방식은 BC2000년 시대와 큰 차이가 없었다. 16세기 중반 지동설을 포함한 우주관의 변화는 인간의 사고방식 전반에 영향을 미쳐 직접적으로 볼 수 없는 것들 속에 숨어있는 원리를 이해하고 우주와 물질 및 생명의 근본을 탐구하게 하였다. 이러한 변화는 20세기 중반까지 400년에 걸쳐 과학기술이 비약적으로 발전하는 2차 대혁신기를 가져왔다. 발전된 무기, 교통 및 통신을 기반으로 전 지구적인 영토확장 경쟁이 일어나고 과학기술도 새로운 세계를 탐험하고 탐구하는 외향적인 경향을 갖게 된다. 영토확장으로 규모가 커진 사회를 지탱하고 국가 경쟁력을 증대할 인력을 양성하기 위하여 교육시스템이 체계화되었으며 특히 과학기술 교육을 강조하게 되었다.

20세기 후반부터 컴퓨터와 통신 네트워크의 발달로 정보라는 추상적인 개념을 구체화 하고 이를 생산, 가공, 저장, 전송할 수 있게 되면서 인류는 3차 대혁신기를 맞이하게 된다. 불과 지난30년간의 3차 대혁신기는 인류가 수천 년 동안 걸쳐서도 이루기 힘든 엄청난 변화를 가져오게 된다. 3차 대혁신은 지식의 생산, 유통 소비가 소수의 전유물이 아닌 대중의 일상 생활 속에서 이루어지게 하였을 뿐만 아니라 지식의 생산 속도 및 확산 범위가 극대화되고 타 연구자와의 의사소통 및 협업이 이루어지는 집단 지성의 형태를 띄게 되었다. 이러한 대혁신은 과학기술뿐만 아니라 일반인들의 일상생활 양식과 사고 방식, 가치관을 넘어 정치와 제도에까지 큰 변화를 가져왔다. 3차 대혁신은 집단적 지식의 생산, 유통 및 소비로 특정 지어지는 '정보 사회'를 이룩하였다.

기술 발달사를 보면 1차 대혁신 이전 원시 시대는 '생존'으로, 1차 대혁신은 '공간적 확장', 2차 대 혁신은 '과학기술과 대량생산' 으로 특정 지을 수 있으며3차 대혁신은 '정보' 라는 새로운 축(dimension)을 추가함으로써 지금까지와는 전혀 다른 양상을 보이는 혁신을 이루었다.

상 이후 경우에 따라서는 상상에서 기대되는 결과를 확인하기 위한 실제 행위가 일어난다.

호기심은 설명되지 않는 것으로 인한 불쾌로부터 벗어나고자 하는 것으로 충분히 이해가 되는 것은 호기심을 일으키지 않는다. 동일한 상황과 문제에 대하여 개인마다 호기심의 정도와 양상이 매우 다르게 나타나지만 포괄적 성향과 분석적 성향으로 대략 구분할 수 있다. 여러 객체를 전체적으로 이해하고 존재를 있는 그대로 받아들이면서도 그 속의 보편적 원리를 이해하려고 하는 성향을 포괄적 성향이라 할 수 있다. 이와 반대로 모든 존재에 대하여 매우 작은 부분까지도 연관관계를 명확하게 이해하고자 하는 성향을 분석적 성향이라 할 수 있다. 일반적으로 분석적 성향을 가진 사람은 호기심이 일으키는 불쾌한 감정이 긍정적으로 작용하는 경우 모든 것이 명료하게 설명될 때까지 탐구를 지속하며 과학기술에 흥미를 갖는 경우가 많다. 많은 과학기술적 성과의 출발점이 호기심에 기인한 주변의 사물과 현상에 대한 주의 깊은 관찰이었음은 분명하다

호기심이 본능에 의한 것이 아니라면 보상에 따른 학습효과에 의한 것으로 볼 수 있으며 이 보상은 모순으로 인한 긴장감과 불쾌부터 벗어나는 쾌감, 해결에 대한 성취감 및 그에

따른 자존감과 같은 관념적 보상이다. 사람에 따라서는 호기심의 해결에서 대단한 희열과 전율을 느끼기도 하며 호기심의 해결보다는 해결하기 위하여 탐구해 가는 과정에서 기쁨을 느끼기도 한다.

문제 인식과 정의

과학 기술의 발전에 있어서 호기심이 계기가 되는 것은 사실이나 호기심만으로 과학기술을 발전시키는 결과물이 만들어질 수 없으며 결과물을 창출하기 위해서는 크게 문제 제기, 해결 그리고 응용이라는 3단계를 거친다. 문제제기는 다시 통찰, 문제인식, 문제정의의 3단계로 세분할 수 있다.

과학 기술적 재능은 보통사람과 다르게 세상을 보는 눈에 있다. 예를 들어 낙엽이라는 현상에서 시인은 인생과 운명 그리고 자연의 섭리와 아름다움을 느끼며 경외하듯이 과학기술자는 낙엽이 떨어지는 이유와 원리를 완전하게 알고자 한다. 일상에서 의미 없이 지나치기 쉬운 현상으로부터 근원적인 문제를 인식하기 위해서는 통찰력이 요구되며 이는 넓고 예리한 지식을 기반으로 한다. 지나치게 협소한 지식과 관심은 숨겨진 근원적 문제 인식에 한계를 드러낸다. 역사적으로 위대한 철학자나 과학자는 세상의 모든 진리를 알고자 하는 갈망을 가지고 끊임없는 탐구와 지적 호기심을 추구하였다. 탐구와 갈망 속에서 특정한 계기를 통하여 새로운 문제를 인식하게 되었을 때 쾌감과 그 문제를 해결하고자 하는 긴장과 흥분을 느낀다. 이때 표면적으로는 직접적인 연관성이 없어 보이는 현상과 사물이 계기가 되는 경우가 많으며 이는 숨어있는 연관성의 발견에 기인한 것이다. 즉, 문제의 인식은 우연하게 이루어지는 것이 아니라 지속적인 탐구와 통찰의 결과이다.

문제의 인식은 설명되지 않는 모순이 존재한다는 인식이며 이를 해결하기 위해서는 보다 구체적인 문제의 정의가 필요하다. 이러한 과정을 problem formulation이라하는데 구체화된 문제는 수학에 기반한 표현으로 정의되거나 언어적 표현으로 정의되게 된다. 잘 정의된 문제는 특별한 추가적인 설명이 없이도 문제의 표현 자체로부터 해결하고자 하는 것이 무엇인지 타인이 명백하게 이해할 수 있어야 한다.

대부분 통찰에 의하여 인식된 문제는 수많은 요소들이 복합적으로 작용하기 때문에 모든 요소를 고려하여 문제를 해결하기 어렵다. 따라서 문제 정의의 출발점은 불필요하거나 중요하지 않은 요소들을 제거하고 고려하여야 하는 변수(variables), 문제의 범주(domain) 및 범위(boundary) 그리고 제약조건(constrain)을 명백하게 정의하는 것이다. 명확한 문제의 정의를 위해서는 전문적 지식이 요구되며 잘 정의된 문제는 문제 자체로서 과학 기술적 가치를 갖는다. 단순한 호기심과 과학기술적 문제의 차이는 문제가 얼마나 명료하게 정의되었는가의 차이이며 문제의 정의가 명확하여야만 이를 창의적으로 해결하는 다음단계로 넘어갈 수 있다. 많은 경우 문제를 인식하고 정의한 사람과 이를 해결하는 사람이 시대와 공간적으로 다른 사람인 경우가 많을 뿐만 아니라 심지어 여러 사람에 의하여 부분적 해결이 이루어 지고 이것이 집대성되어 하나의 일관성을 갖춘 답으로 완성되거나 문제의 정의에서부터 해결까지 수십에서 수백 년이 걸리기도 한다.

과학 기술적 연구에 있어서 가장 많은 시간과 노력이 소요되는 고통스러운 과정이 무엇을 연구할 것 인가를 찾는 문제의 인식 및 정의 과정이다. 의미 없는 호기심이나 공상과 과학기술적 가치를 갖는 문제의 구분이 모호한 경우가 많아 과학 기술자들은 지적 호기심과 현실적 제약 요소간의 딜레마 속에서 고민한다. 문제가 제기되던 시대에는 해결 또는 실현이 불가능하여 허황된 공상으로 여겨졌던 것들이 후세대에 기술적으로 실현이 가능하게 된 경우가 많다. 역으로 문제가 제기되던 시대에 과학기술적 지식의 부족으로 가능하다고 여겨졌던 것들이 허황된 것이었음이 밝혀지는 경우도 많다. 문제의 인식과 정의 단계에서 미래의 가치와 가능성까지 완전하게 예측하기란 대단히 어려운 일이다.

제어 방사능
연료 중력 원심력
공기 산화 궤도 온도
호흡 무게 괘도 좌표
추진력 작용과 반작용
G-force엔진...

창의

창의란 존재하지 않았던 새로운 것을 생각해 내는 것으로 현상과 문제의 발견, 관점, 해석, 설명, 방법 등을 포괄하는 고도의 지능적 산물이다. 일반적으로 과학기술적 창의가 어느 순간 갑자기 생각나는 것으로 여기며 아르키메데스의 '유레카(eureka: I have found) 일화로 창의가 일어나는 순간을 묘사한다. 그러나 깨달음을 의미하는 유레카는 갑자기 일어나는 것이라기 보다는 사전에 몇 단계의 지적 과정을 거친 후 마지막 연결고리가 완성되는 순간이다.

과학기술적 문제는 호기심에서 출발하기도 하지만 필요에 의하여 명백한 목표가 정하여지기도 한다. 문제의 출발점이 무엇이었던지 해결 과정은 지금까지 존재 하지 않았던 새로운 요소가 필연적으로 요구된다. 새로운 요소란 기존의 알려진 방법과 지식의 새로운 조합, 변형, 새로운 해석과 응용일 수 있으며 전혀 존재 하지 않았던 새로운 방법일 수 있다. 문제에 따라 복잡도나 난이도의 차이는 있을 수 있지만 새로운 것을 생각해 내야 하는 창의력이 요구되는 공통점이 있다.

문제해결을 위한 새로운 생각은 불현듯 갑자기 일어나기도 한다. 창의적 생각이 일어나기 직전의 순간까지도 전혀 문제를 해결할 수 없을 것 같다가 특정 계기로 인하여 문제를 해결할 수 있을 것으로 여겨지는 실마리가 갑자기 떠오르며 이 실마리로부터 논리적 추론의 연속을 통하여 문제를 해결할 수 있는 전체 방법이 순간적으로 완성되며 깨달음의 기쁨을 만끽하게 된다. 표면적으로는 이러한 과정이 우연의 결과로 보이지만 실제로는 오랜 시간에 걸친 깊은 사고의 결과이며 다만 특정계기에 의하여 폭발적으로 완성되는 것이다.

창의의 과정은 크게 관찰, 분석, 재조합, 합성단계로 구분하여 설명할 수 있다. 사물과 현상에 대하여 호기심을 가지고 관찰하여 그 구성 요소들을 파악하고 각 요소들의 기능과 연관성에 대하여 분해하고 분석하는 과정이 창의 과정의 시작 점이다. 분석을 통하여 파악한 구성요소와 방법을 기반으로 요소의 치환, 추가 또는 구성 방법의 변경을 통한 새로운 체계를 합성하게 된다. 이후 새로이 합성된 것이 어떻게 작동할지에 대한 상상을 통하여 모순이 발생하는지를 확인하고 모순이 발생한 경우 이를 반영하여 수정 보완하는 구체화 과정을 거치며 완성된다. 즉, 창의적 사고 과정은 기존의 지식으로부터 문제와 연관된 것으로 여겨지는 방법들을 새로이 제시된 문제에 대입하여 보고 맞지 않는 부분이 무엇인지 분석하고 필요에 따라서는 또 다른 연관된 지식을 사용하여 맞지 않는 부분을 수정하여 다시 대입하여 보는 과정을 무수히 반복하는 사고의 과정임을 알 수 있다. 따라서 창의적 사고는 천재성과 우연에 의하여 발현되는 것이라는 일반적 인식과는 달리 지속적인 탐색과 변형 및 조합의 결과물이다. 창의적 사고 행위를 나타내는 말인 '연구(research)' 의 영어적 어원도 집중적인(intensive, close)의 뜻을 갖는 접두사 re와 탐색(search)의 뜻을 갖는 cercher의 합성어로 '집중적인 탐색' 을 의미한다.

인간이 어떻게 새로운 생각을 하는 능력을 가질 수 있는지에 대하여는 명료한 설명이 되지 않지만 공간지각, 수리력, 추리력, 기억력, 언어능력 등으로 구성된 지능과는 구별되는 능력으로 이해된다. 물론 이러한 지능적 요소는 지식의 축적과 분석 및 논리적 사고와 연관되어 문제의 인식, 정의 및 해결에 필수불가결한 것임은 부정할 수 없다. 창의는 사물과 현상을 인식하여 기억하고 다시 기억으로부터 회상하는 과정에서 일어난다. 인식에 의하여 획득된 사물과 현상은 주관적으로 재해석하여 인지하고 추상적 관념으로 기억된다. 기억으로부터 꺼내어 구체화 할 때에도 다시 주관적 재구성 및 재조합이 일어난다. 이와 같은 주관적 해석, 재구성 및 재조합 과정에서 기존에 존재하지 않았던 창의적 결과물이 탄생한다.

과학기술적 창의는 지식의 생성과 지식의 활용 두 영역에서 이루어진다. 지식의 생성은 관측된 자연현상에 대하여 이의 근본 원리와 현상을 기존의 알려진 과학 기술적 지식을 기반으로 새로운 방법과 원리를 더하여 설명하는 것을 말한다. 지식의 활용은 쌓여진 지식을 기반으로 새로운 재구성과 재조합을 통하여 지금까지 존재하지 않았던 새로운 방법이나 생각을 만들어내는 것이다. 이들을 구분하여 전자를 '과학(science)' 이라 하며 그 결과물을 '발견(discovery)' 이라 일컬으며 후자를 '공학(engineering)' 이라 하며 그 결과물을 '발명(invention)' 이라 일컬으나 명료하게 구분되는 것은 아니다. 이러한 과학 기술적 창의 결과물은 논문이라는 학술적 형태로 세상에 발표 되거나 특허라는 형태로 등록되어 권리를 보호 받는다.

과거 과학 기술적 창의는 개인의 천재성에 의존한 독립적인 사상의 결과물인 경우가 많았으나 과학 기술의 발달로 해결하여야 하는 문제가 매우 복잡해 짐에 따라 개인의 천재성만으로는 해결할 수 없으며 오랜 기간에 걸쳐 많은 사람들의 노력과 교류에 의하여 문제를 해결하는 집단 지성의 결과물인 경우가 많아지고 있다.

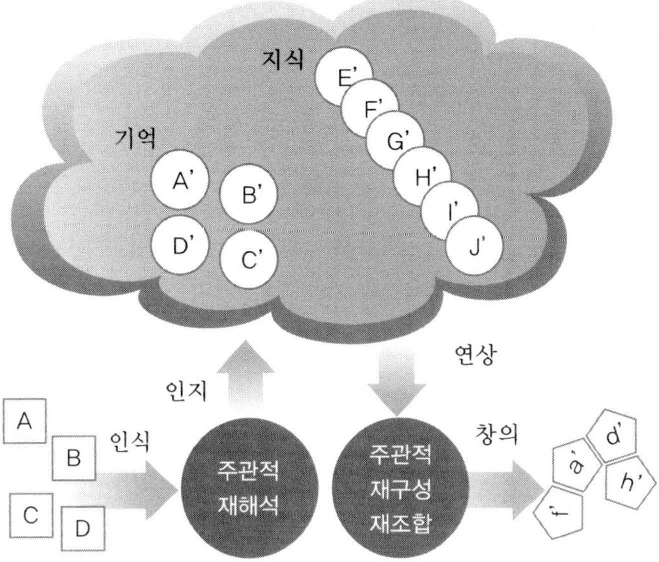
지식
E'
F'
G'
H'
I'
J'
기억
A'
B'
D'
C'
인지
연상
A
B
인식
C
D
주관적
재해석
주관적
재구성
재조합
창의
d'
a'
h'
f'

창조와 확산

창의를 새로운 생각으로 정의한다면 창조는 새로운 생각이 실제로 적용되는 것을 의미한다. 과학기술 창조물이 편의 향상과 같이 좁은 범위의 영향을 주기도 하지만 경우에 따라서는 한가지 창조물이 다른 과학 기술적 창의와 창조를 유발하는 학술적, 기술적 파급효과를 갖거나 새로운 산업이 창출되어 경제를 활성화하는 경제적 파급효과뿐만 아니라, 사람들의 생활양식, 사고방식 더 나아가서는 정치, 사회, 문화를 변화시키는 사회적 파급효과를 갖기도 한다.

오늘날 사용되는 모든 물질문명의 산물은 단일한 창조물이 아닌 많은 과학 기술적 창조물들의 결합으로 이루어져 있다. 예를 들어 자동차의 경우 대략 10만개의 특허가 연관되어 있는 것으로 알려져 있다. 어느 제품이나 수학, 물리, 화학, 공학 등의 광범위한 분야에 걸쳐 있으며 그렇지 않은 제품을 찾는다는 것은 사실상 불가능하다. 따라서 어느 하나의 과학 기술적 창조물이 실제로 적용되기 위해서는 수많은 요소들이 유기적으로 집적(integration)되어야 한다. 과학 기술적 문제를 최초 정의할 때는 문제의 명확성을 위하여 집적 시 다른 요소들이 미치는 영향을 제외한 한정된 범위에서 문제를 해결하며 이러한 단순화된 문제가 해결된 후 이를 실제 집적된 시스템에 적용하기 위해서는 다른 요소들의 영향을 변수로 반영한 문제로 재 정의한 후 이를 해결하여야 한다. 기본적인 원리를 규명하기 위하여 단순화된 문제를 정의하고 해결하는 과정을 '연구(research)' 라하며 실제에 적용하기 위한 변수들을 고려하여 문제를 재정의하고 해결하는 과정을 '개발(development)' 로 구분하여 부르기도 하지만 이들 구분이 모호한 경우가 많아 통칭하여 '연구개발(R&D)' 이라 한다.

여러 요소들로 복합된 창조물을 실제에 적용하기 위해서는 기본적 단위요소에 대한 문제에서는 고려되지 않았던 현실적 제약요소를 고려하여야 한다. 시스템의 무게, 부피, 강도, 질감, 색상, 수명, 편의성 등 많은 현실적 제약요소를 고려하여 시스템 전체 요구사양을 정의하고 이로부터 각 요소들의 요구사양과 기능을 재조정 분배하고 각각의 요소들에 대하여 변형된 문제를 해결한 후 이들 해결책을 집적하여 시스템을 구현한다. 이때 구현된 실물 또는 가상 시제품을 평가하여 요구사양을 재구성하는 반복 과정을 거쳐 최적화 되어간다. 최적화 과정에서 한가지 요소를 향상 시키기 위해서는 다른 것을 희생하여야 하는 trade-off이 흔히 발생한다. 경우에 따라서는 현재의 기술적 수준으로 실현이 불가능한 경우 대안을 찾아야 하는 기술적 제약 요소가 있을 수 있다. 오늘날에는 기대되는 수익성과 연구 개발에 투자되는 비용의 비율(return over investment)이나 연구개발 기간이 가장 중요한 현실적 제약요소가 되는 경우가 많다.

시제품의 제작과 구현에는 많은 비용과 시간이 들어간다. 3차 대혁신을 일으킨 컴퓨터는 구현하고자 하는 시스템과 적용하고자 하는 환경을 모방한 가상 실험이 가능하게 하였다. 컴퓨터를 이용한 가상 실험은 시제품을 통한 실제 실험에 들어가는 비용과 시간을 획기적으로 줄임으로써 과학기술 발전 속도를 급격히 가속하는 계기가 되었다.

수많은 시뮬레이션과 시제품을 통한 실험을 수행한다고 하더라도 모든 가능한 변수를 고려한 완전한 해석과 답을 찾는 것이 불가능하거나 답이 여러 가지이며 각각의 해법들이 각각의 모순을 가지고 있다. 따라서 완전하지 않더라도 현실적으로 타당한 해법을 선택하여 실질적으로 적용하고 사용하면서 발생하는 문제들을 개선하여 나가는 것이 통상적인 과학 기술 발전의 과정이다. 이와 같이 완전하게 해석되고 규명되지 않았더라도 사용 가능한 적절한 수준의 선택은 경험의 축적에서 얻어진

know-how와 직관에 의하여 결정되지만 실제 적용에서 문제가 발생할 위험성과 부작용의 가능성을 완전히 배제할 수는 없다.

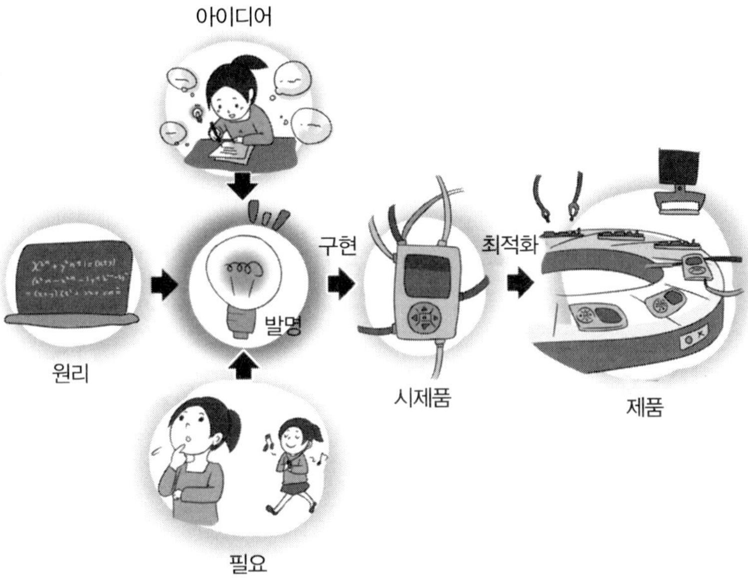

기술 생애 주기

과학기술적 발견과 발명이 실질적으로 널리 확산되어 사용되기에는 상당한 시일이 소요된다. 과거에는 심지어 100년 이상의 잠복기를 거치기도 하였지만 정보사회에 들어와서는 그 기간이 매우 짧아졌다. 이러한 휴면기를 거치는 이유는 해당 기술의 완성도가 미흡하거나 주변기술의 기술수준이 낮아 전체 시스템이 구성되지 못하는 것과 같은 '기술적인 요인' 이 있을 수 있으며 해당 기술의 응용 분야를 찾지 못하였다가 시대가 지난 후에 새로운 응용분야의 탄생으로 적용되는 것과 같은 '응용분야의 요인' 또는 정치, 사회, 문화적 요소에 의하여 확산이 제약되는 '사회 문화적 요인' 이 있을 수 있다.

과학 기술적 발견과 발명은 학술적 논문 발표와 특허 출원이라는 두 가지 형태로 공개되어 확산된다. 경우에 따라서는 상업적 홍보나 언론을 통한 홍보 또는 정치적 이슈화를 통한 확산 등을 이용하기도 한다. 일반적으로 대학과 같은 순수 연구기관에서 원리와 개념적 연구 결과물을 논문으로 발표하며 기업에서 상업적 목적을 가지고 구현방법에 대한 개발 결과물을 특허로 출원하기 때문에 원리와 개념연구가 구현을 위한 개발연구보다 선행하는 경우가 많다. 한 분야의 기술은 최초 창의에서 출발하여 확산, 활성화, 쇠퇴 그리고 소멸의 과정을 거치게 되는데 이를 기술 생애주기라 한다.

최초 학술적인 발견과 발명에서 출발하여 학술적 관심이 높아져 관련된 후속 논문의 출판이 증가하면서 기술적 완성도가 높아진다. 실제로 시장을 창출 할 수 있는 완성도에 도달하면 초기 상품이 출시되며 시장이 창출된다. 이때부터 기업의 대규모 연구개발 투자로 특허 출원이 왕성하게 이루어지며 치열한 기술 경쟁을 통해 기술의 완성도가 급격히 높아진다. 이러한 시기에는 순수연구 기관은 기업과의 연구비 및 환경의 격차로 점차 경쟁력을 잃어가며 그 결과로 논문 수의 증가 추세가 줄어들기 시작한다. 기술이 급격히 개선되면서 매우 짧은 주기로 성능이 향상된 신제품이 출시됨으로써 지속적으로 시장이 확대된다. 어느 한계점을 지나면 기술의 개선에 지나치게 많은 비용이 소요되거나 물리적 한계에 근접해 감으로써 기술의 개선 속도가 둔화되는 기술포화 상태에 이른다. 기술 포화 상태에 이르면 신제품의 성능향상의 속도가 둔화되면서 교체수요가 급격히 줄어들 뿐만 아니라 보급의 확산으로 신규시장 창출이 어려운 시장포화상태가 된다. 시장 포화상태에서는 기업간 가격경쟁이 심화

되고 수익성 악화로 인한 기업의 투자가 축소되며 기술 개발 노력과 시장이 급격히 감소한다. 이와 같이 과학기술의 결과물은 창의, 창조, 시장 창출, 기술포화, 시장 포화, 기술 및 시장의 쇠퇴를 거치는 기술 생애 주기를 갖거나 시장 창출로 이어지지 못하고 사장 되기도 한다. 경우에 따라서는 쇠퇴기 이후에 특정 발명으로 기술 생애주기가 다시 활성화 되기도 한다.

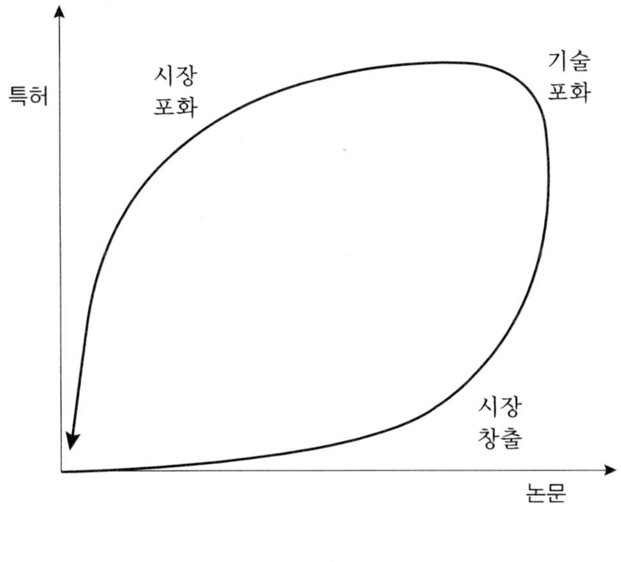

보상

호기심과 창조의 동기는 본능이나 보상에 따른 학습효과 라기보다는 고도의 정신 작용에 의한 것으로 보상이 호기심과 창조의 직접적 동기는 아니지만 적절한 보상이 없는 상태가 지속되는 경우 보상이 있는 다른 가치의 중요도가 높아짐으로써 호기심과 창조욕구가 감소하게 된다. 따라서 적절한 수준의 보상이 제공되어야 동기를 유지할 수 있다. 호기심과 창조에 대한 보상은 외부로부터 주어지는 외적 보상과 자기자신의 정서와 감정에 의한 내적 보상으로 구분할 수 있다.

발견과 발명이 산업화를 통하여 부를 창출하여 얻게 되는 금전적 보상은 외적 보상의 대표적 예이다. 직위나 권위와 같이 개인에게 직접적으로 제공되는 보상 이외에도 연구비나 연구환경과 같이 또 다른 기회를 제공받는 것도 외적 보상으로 볼 수 있다. 이러한 외적 보상의 경우 공헌도에 따른 이해관계가 얽혀있게 된다. 특히 오늘날의 과학기술은 그 복잡성으로 인하여 독립된 단일한 발견과 발명이 가치를 창출하기 어려울 뿐만 아니라 연구개발 이외에 기획, 투자, 구현, 양산, 홍보, 시장개

척 등 수많은 비 기술적 요소들이 연관되어 있어 공헌도의 배분이 매우 복잡한 양상을 띠어 갈등의 요인이 된다. 더욱이 기술 경쟁이 치열해 지면서 유사한 기술들이 거의 동시에 여러 기업과 과학 기술자들에 의하여 개발되면서 기술의 도용과 표절에 대한 기준과 그에 따른 권리보호 등과 관련한 법률적 제도나 사회문화적 사고방식의 발달이 기술발달의 속도를 따라오지 못하고 있어 갈등이 더욱 심화되어가고 있다.

많은 과학 기술자들은 어린 시절부터 왕성한 능동적 호기심과 통찰력 및 창의력을 보이며 특별한 보상 없이도 새로운 발견과 창조 과정 자체에 흥미와 쾌감을 느끼는 성향을 가지고 있다. 이와 같이 호기심 추구, 통찰, 창조의 과정에서 얻는 내재적 즐거움을 내적 보상이라 한다. 많은 과학 기술자들이 금전적 보상이나, 직위 권위와 같은 직접적 보상보다는 보다 좋은 연구환경을 선택하며 특별한 외적 보상이 없이도 연구에 집중하는 행동양식을 보이기도 한다. 그러나 현대사회에 와서는 이러한 순수한 지적 호기심의 추구에 대한 동기가 약해지고 직접적 보상을 원하는 경향이 강해지고 있다.

NOBEL

제5장

문명에 대한 이해

문명의 구성

인류는 수천 년 동안 자연을 이해하고 이용하며 도구, 언어, 문자를 발명하였을 뿐 아니라 조직과 제도와 같은 사회 시스템, 사상 과 철학 및 예술을 발달 시켜왔다. 물질, 기술, 정신 및 사회 등 인류가 이룩한 모든 것을 문명이라 한다. 문명은 진리와 가치 및 사유와 사고와 같은 '정신 문명', 이러한 가치와 사고가 실현되기 위하여 공동체가 운영되는 방법과 체계와 같은 '사회 문명' 그리고 그러한 체계 속에서 자연을 이해하고 이를 이용하여 현실적으로 구현되어 삶에 적용하는 '기술문명' 으로 구분하여 이해할 수 있으며 이들은 독립적으로 분리된 것이 아닌 상호 밀접하게 영향을 주고 받는 상호보완적 관계이다.

문명을 일으키기 위해서는 지금까지는 없었던 새로운 무엇인가를 이루는 창조가 있어야 하며 문명이란 창조가 누적된 결과이다. 인간이 창조를 할 수 있는 근원적인 요인을 인간이 가진 높은 지능으로 보며 문명과 지능을 동일시하는 경향이 있으나 문명의 근원은 지능 이외의 다른 어떤 힘이 작용한 것이라 할 수 있다. 인간의 내면에는 지능 이외에 본능과 무의식 및 정서의 영역이 있으며 이들은 지능영역에 영향을 주어 실제 판단과 행위가 일어나게 한다. 지능으로 하여금 창조를 하도록 하는 것은 식량의 부족, 추위, 타 짐승의 공격과 위협, 식량확보를 위한 노동의 고단함 등과 같은 불쾌로부터 벗어나고자 하는 갈망이다. 불쾌를 극복하고자 자연물의 변형 가공 및 조합을 통하여 지금까지 존재하지 않았던 도구와 방법을 만들어 내는 창조가 일어난다. 최초의 우연한 발견이 창조로 이어져 타 개체가 이를 배워 재생산되고 후대로 전달될 수 있어야만 문명의 탄생이 가능하다. 즉, 문명은 불쾌로부터 벗어나고자 하는 마음에서 출발하여 사물의 연관성을 분석하는 지능, 존재하지 않는 것을 생각하는 창의력과 그리고 그것을 구현할 수 있는 손과 같은 신체적 구조 이를 타 개체에게 전달하는 소통 능력 등 복합적 작용의 결과물이다.

인류 최초의 창조가 일어난 후 창조의 쾌감과 그 결과인 자원확보의 풍족함이 주는 행복감을 얻게 되면서 더 나은 방법을 찾는 창조의 연쇄반응이 시작되었다. 새로운 방법으로 보다 많은 자원을 확보함으로써 생리학적으로 뇌를 발달시킬 충분한 영양분과 복잡한 생각을 할 수 있는 여유 시간이라는 창조의 부산물은 창조의 연쇄반응을 더욱 가속화 하는 동력이 되었다.

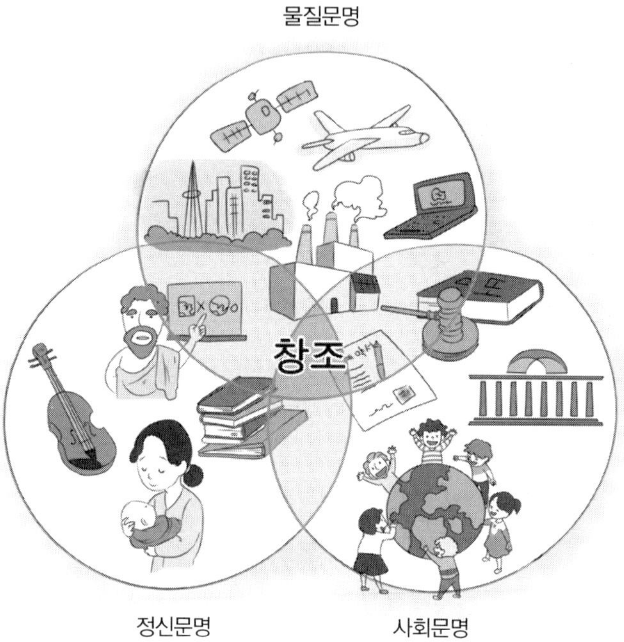
물질문명
창조
정신문명
사회문명

문명의 발전

사회와 문명이 발달하여 도시와 국가가 형성되기 시작하면서 과거와는 다른 창조의 메커니즘이 형성된다. 식량의 확보, 가공, 분배, 보존을 위한 단순한 도구나 정복을 위한 무기의 창조에서 벗어나 공동체에서 구성원간 상호작용하는 체계와 같은 사회적 요소, 예술과 같은 관념적 요소의 창조가 활발해 졌다. 문명 초기 단계의 창조는 의도된 것이라기 보다는 우연에 의한 발견을 계기로 그에 대한 인식과 변형을 통하여 창조가 이루어졌으나 점점 더 관찰과 심사숙고 및 실험을 통한 의도된 창조가 선각자에 의하여 이루어졌다.

동물의 상태에서 벗어나 초기 문명의 태동까지는 동물-원시-야만-문명의 단계를 거쳤다. '동물상태' 는 각 개체가 현재 시점에 처한 주변상황에서 본능 또는 각 개체들의 경험을 통한 학습의 결과에 의하여 행위가 결정되는 상태를 의미한다. '원시상태' 는 종 또는 한 개체의 과거 경험을 기반으로 가까운 미래를 예측하고 현재 시야에서 벗어난 지역에 대하여 생각할 수 있으며 자연물을 가공, 조합하여 새로운 도구를 만들어낼 수 있는 상태를 의미 한다. 즉, 시 · 공간적으로 사고의 폭이 확장되어 현재 존재하지 않은 것을 이해하고 창조하고 이를 다음 세대로 전달할 수 있는 능력을 갖추게 되었다는 것을 의미 한다. '야만상태' 는 시 · 공간 적으로 사고의 폭이 더욱 넓어지고 본능적 가치를 넘는 욕구와 갈망이 발달하였다. 생존에 필요한 것 이상의 잉여자원을 지속적으로 확보하기 위하여 조직과 권력 및 제도 등이 형성되었으며 이를 통하여 인접 공동체를 지배하고 자원을 강제적으로 재분배할 수 있게 되었다. '문명상태' 는 관념과 이성의 확립으로 보다 높은 가치를 추구하며 자연, 우주, 인간에 대한 경외와 호기심이 발달하였으며 문자와 수 체계가 발달하였다. 인류가 문명상태로 진입한 시기는 대략 BC 4,000~3,000년 경으로 이후 3,000~4,000년간을 고대 문명이라 한다. 오랜 고대문명기간 동안 인류 문명은 지속적으로 발전하여 오늘날 삶의 모습과 같은 형태를 거의 갖추며 안정되게 된다.

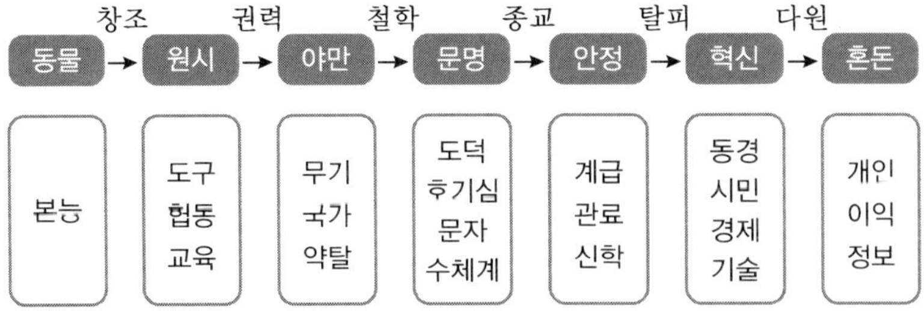

인류문명이 '안정상태'로 접어들어 가면서 계급과 관료주의 같은 사회체계가 발달하였다. 이 기간 동안 인접문화간의 충돌과 침략을 통하여 문화간의 혼합이 있었지만 큰 변화는 일어나지 않았다. 이 시기의 가장 두드러진 특징은 물질, 자연, 우주, 인간에 대한 호기심이 종교와 신학의 발달로 신이라는 절대적 존재에 의하여 설명되어짐으로써 인류의 사고의 폭은 오히려 더 좁아져 종교의 울타리에 갇히게 되었다는 점이다.

1,000~1,500년에 걸친 안정상태를 거친 후 16세기부터 다시 물질과 자연, 우주, 인간의 본성에 대한 호기심이 왕성해지고 권력과 사회체계에 대한 인식이 바뀌면서 획일적으로 통제된 상태에서 벗어나려는 노력이 일어나기 시작했다. 절대적 진리로 믿어져 왔던 우주와 신에 대한 사고가 무너지면서 인류의 사고의 폭은 급격하게 확대되고 수없이 많은 새로운 발견, 발명 및 변화가 일어나는 '혁신상태'에 들어가게 된다. 혁신상태는 하나의 혁신이 또 다른 혁신을 불러일으키는 연쇄반응에 의하여 혁신의 속도와 폭이 끊임없이 증폭되는 속에서 과학기술과 물질문명이 눈부시게 발달하였다.

이후 지속되는 혁신으로 절대적 진리와 절대 권력이 파괴되면서 다양한 가치를 추구하는 여러 공동체가 형성되어 이들 상호간에 영향을 주고 받는 다원사회를 구성하게 된다. 사회의 근간을 이루는 정신문명을 위협할 정도로 물질문명이 발달하면서 부가 모든 가치의 척도로 여겨지며 극심한 경쟁이 광범위하게 일어나는 혼돈의 상태를 가져왔다. 균형과 조화에 의한 아름다움 보다는 파격과 역동성에 의한 아름다움을 추구하는 새로운 질서가 형성되었다.

진화

문명이란 인간이 창조한 모든 것들이 누적된 결과로 지속적으로 쌓여간다는 관점에서는 문명의 퇴보란 존재하지 않는다. 사회의 속성을 관찰하여 보면 다양한 요소들이 기능적으로 분화되어 상호 영향을 주고 받으면서 항상성과 불확정성을 동시에 가지고 있으면서도 역동적이고 지속적으로 변화해가는 점 등 많은 부분에서 유기체와의 유사성을 발견할 수 있다. 이러한 관점에서 인류 문명의 변천사를 생명 진화과정과의 유사성을 기반으로 설명하고자 하는 것이 사회 진화론이다.

진화란 작은 우연한 변화들이 끊임없이 일어나고 이러한 변화들이 누적되어 궁극적으로는 큰 차이를 보이게 되는 것으로 진화가 진행될 수록 복잡해 지면서도 기능적으로 분화되어 체계화된 시스템을 갖추게 되는 것을 의미한다. 이때 자연의 선택에 의하여 새로운 체계 중 적합한 체계는 보존되어 진화를 계속하지만 적합하지 않은 체계는 소멸된다. 이와 같은 변화가 지속되면 기존의 종과는 다른 종이 만들어지면서 종의 다양성이 확대 된다는 이론이다. 즉 진화론은 우연한 자연발생적 변화, 변화의 누적, 복잡성의 증가, 기능적 분화, 종의 분화, 다양성 증대, 자연선택이라는 기본적 틀을 가지고 있으며 인류 문명의 발전사를 매우 함축적으로 설명하는 이론 중의 하나이다. 진화론은 자연선택 기능만을 극단적으로 적용한 인종차별과 제국주의와 같은 인류에 커다란 고통을 안겨준 이념의 기반이 되기도 하였다.

진화론에는 두 가지 관점에서 약간의 논리적 비약이 존재한다. 각각의 우연한 자연발생적 변화가 특정한 방향성을 가지고 있지 않다면 변화의 누적이 일정한 방향성을 가질 수 없으며 항상 현재 상태와 크게 다르지 않은 상태로 머물러 있게 된다. 진화론은 자연 선택에 의한 우성의 번성과 확산에 의하여 진화의 방향성을 갖는 것으로 설명하고 있다. 여기에서 우성이라는 것은 어떠한 절대적 가치를 기준으로 하고 있기 때문에 진화론은 절대적 선을 향한 예정된 방향을 전제로 하고 있다. 우연 발생적 변화와 자연선택이 생물학적 진화에서는 설득력을 가질 수 있지만 인류 문명에 있어서 창조는 우연발생적이라기보다는 필연적이거나 의도된 것이 많으며 문명의 명멸이 환경에의 적응력이나 문명간의 경쟁력만으로는 설명하기 어려운 지극히 복합적이며 가변적인 요소들의 영향을 받는다. 진화론을 기반 하는 문명의 이해는 과거 인류 문명의 변화가 비교적 단순한 일정한 방향으로 발전되어 온 것을 설명하는 훌륭한 모델이기는 하지만 변화의 힘이 어디서 오는가에 대한 근원적 문제를 설명하거나 미래사회를 예측하기에는 한계가 있다.

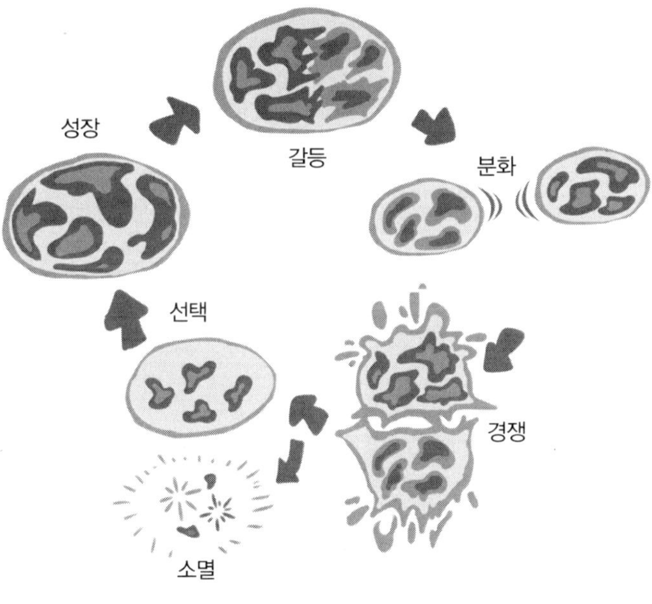

혁신

진화가 작은 변화들의 모임이 지속적으로 오랜 기간에 걸쳐 누적되어 가는 것에 반하여 단일 사건이 급격하고 광범위하게 영향을 미치는 것을 혁신이라 한다. 혁신(革新)의 한자적 어원은 '가죽을 다듬어 새롭게 하여 더 나은 상태로 만든다' 는 의미를 가지고 있으며 영어 innovate는 '새로운 변화를 가져오다' 라는 뜻이다. 혁신과 유사한 '혁명' 의 한자적 의미는 '천명(하늘이 준 운명, 왕통)을 뒤집어 새롭게 한다' 라는 뜻이며 영어의 revolution은 '급격히 방향을 바꾼다' 라는 뜻 이다. 과거에는 혁명을 정치사회적으로 기존의 체제에 대한 전복의 의미로 사용하였으나 현대에 와서는 급격한 변화에 더 큰 의미를 두어 갑작스럽고 급격한 상황의 변화 또는 파급효과가 매우 큰 생각이나 방법의 급격한 변화의 의미로 사용된다. 오늘날 사용되는 혁신이라는 단어는 '다듬어 더 나은 새로운 것으로 만든다' 는 뜻에 혁명이 의미하는 '급격하고 광범위한 변화' 라는 뜻이 더욱 강조되어 '새로운 생각이나 방법으로 급격하고 광범위한 변화를 일으키는 것' 이라는 의미로 사용되고 있다.

혁신이란 얼마나 독특하고 창의적이며 새로운 것인가라는 원인에 가치를 두는 것이 아니라 얼마나 광범위하게 폭발적으로 퍼져나가는가의 시간과 효과의 문제이다. 아주 단순한 발상일지라도 그것이 빠르고 광범위하게 퍼져 나가 많은 사람들의 생활방식과 사고방식에 영향을 미쳤다면 이는 혁신이라 할 수 있다. 반면 대단히 차원 높은 새로운 이론이라 할지라도 그것이 생활방식과 사고방식에 광범위한 영향을 미치지 못하였다면 위대한 발견이나 발명이라고 할 수는 있겠지만 혁신이라 할 수는 없다.

새로운 생각이 빠르고 광범위하게 확산 되기 위해서는 그 새로운 생각이 보편적으로 많은 사람이 간절히 원하였던 것이었음에도 불구하고 그것이 필요하다는 것을 인식하지 못하고 있었던 것임을 의미한다. 즉, 새로운 생각이 퍼져나가는 확산의 근원적인 힘은 오랫동안 누적되어 왔던 것이며 이 힘이 공감을 통하여 분출되는 것이다. 혁신을 위해서는 막연히 새로운 생각을 추구하는 것이 아니라 기술, 사회, 정신에 응축되어 있는 숨겨진 필요를 인지하는 것에서부터 출발하며 발명자체는 분출구를 만드는 많은 방법중의 하나인 것이다. 이러한 의미에서의 혁신이란 새로운 생각이라기보다는 인간의 본성과 인류의 보편적 사고에 대한 성찰과 통찰을 통한 보편적 갈망에 대한 이해와 미처 깨닫지 못했던 것에 대한 인식이다.

혁신이 일어날 때에는 하나의 작은 변화가 정신, 사회, 기술 등 다른 영역에 영향을 주어 변화가 일어나게 하며 이것이 다시 자극제가 되어 또 다른 변화를 일으키게 함으로써 변화의 에너지를 상호 증폭하게 된다. 거대한 변화의 에너지에 의하여 기존의 질서가 빠르게 파괴되고 새로운 질서가 형성되어 감으로써 기존의 질서에서 균형적으로 분배되어 있던 부와 권력 및 자원이 재분배되어 새로운 변화에 더욱더 많은 에너지를 공급하는 방향으로 집중된다. 이와 같은 연쇄작용으로 혁신에너지가 기하급수적으로 커지게 되면서 지금까지 불가능하다고 여겨졌던 것들이 이루어지게 된다.

혁신이 일으키는 급격한 변화는 개인과 사회에 쾌감과 활력을 일으키지만 새로운 권력과 부는 중독을 일으킬 만큼 강력한 것이어서 끊임없는 혁신으로 권력과 부를 확대하고자 하는 세속적 가치 추구로 전락하게 될 가능성이 있다. 혁신이 새로운 혁신을 부르는 연쇄반응 때문에 초기의 혁신에서 예상되거나 의도하지 않았던 전혀 다른 결과들을 가져오면서 통제불능의 상태에 빠져들 위험성도 가지고 있다. 즉 혁신은 진보적 가능성과 파괴적 위험성이라는 양면을 모두 가지고 있다.

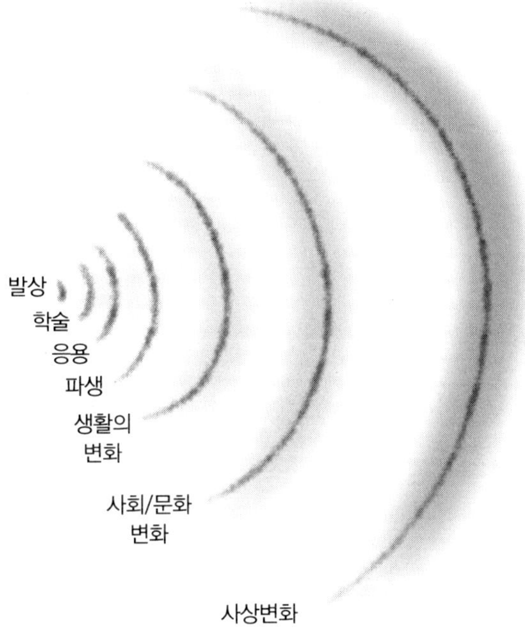
발상
학술
응용
파생
생활의
변화
사회/문화
변화
사상변화

혼돈

인류 역사를 고찰해보면 매 순간 과거와는 다른 상황이 전개되면서 불규칙하지만 조금 더 긴 기간에서는 어떤 유사한 패턴이 반복해서 나타난 것을 수 있다. 이러한 문명의 동적 특성이 계절과 날씨와 같은 현상을 설명하기 위하여 사용되는 혼돈이론(Chaos Theory)과 유사성을 가지고 있다. 혼돈현상은 넓은 범위에 대하여는 안정하나 좁은 범위에 대하여는 불안정한 두 개 이상의 끌개(attractor)가 상호작용하여 상태의 변화가 어떤 패턴을 가지고 반복되지만 규칙적이지 않으면서 매번 다른 상태천이 특성을 보이는 동적 시스템을 말한다.

혼돈이론을 문명과 사회에 적용하는 것은 윤회사상과 깊은 연관성을 가지고 있으며 시작과 끝이 있는 진화론이나 결정론과 달리 문명이 특정한 지향점을 향하거나 파멸, 소멸과 같은 극단적 상황이 발생하지 않음을 의미한다. 또한 끊임없이 갈등의 발생과 갈등의 해소, 진보와 퇴보가 반복됨을 의미한다.

앞서 설명한 바와 같이 문명을 정신, 사회, 기술의 3요소로 구분한다면 이들 요소를 3개의 끌개로 이해할 수 있다. 이 세 가지 요소는 불안정성과 서로 끌어당기는 안정성이라는 서로 상반되는 힘을 가지고 있다. 어느 한 문명요소가 극단적으로 치우쳐 모순의 누적이 임계치를 넘으면 급작스럽게 상황이 변화하며 다른 요소의 작용으로 안정성을 회복하게 된다. 고대 문명에서 지나친 권력의 집중에 따른 모순의 누적이 철학과 사상의 발달로 보다 안정적인 관료제도로의 변화하게 된 것이나 중세 종교의 비대화로 누적된 모순이 과학기술의 발달로 우주관을 포함한 사상과 철학의 변화를 통하여 균형을 갖추게 된 것을 문명의 혼돈현상으로 이해할 수 있다. 현대에 와서 지나치게 발달한 물질 문명의 부작용에 대하여 인문과 사회에 대한 인식을 강조하고 보다 인간 중심적인 발전을 추구하는 방향으로 전환되어 가는 것 또한 혼돈 현상이 작용한 것으로 볼 수 있다.

영속

진화, 혁신, 혼돈 이론은 인류 문명의 변천과정을 보다 쉽게 설명하기 위한 모델일 뿐이며 실제 문명이 변화하는 원리이지도 않을 뿐만 아니라 문명의 모든 면을 명료하게 설명하지도 못한다. 일반적으로 모델을 만드는 목적은 과거의 자료로부터 동적 특성을 파악하고 그로부터 미래를 예측하기 위함이다. 그러나 인류 문명은 이와 같은 단순한 모델로 특성 지어질 수 없으며 계량화 될 수 없는 너무나도 많은 변수와 복잡한 상관관계를 가지고 있다. 5,000년에 불과한 인류문명을 토대로 인류문명의 특성을 파악하고 미래를 예측하기에는 과거 경험이 너무 부족하다.

비록 이러한 모델들이 완전하게 인류문명의 원리를 나타내지는 못하더라도 인류문명은 각각의 모델들이 제시하는 특성을 모두 가지고 있다. 앞서 분류한 바와 같이 인류문명의 요소를 정신, 사회, 기술로 분류하고 이를 각각 혼돈이론의 끌개와 같이 생각할 수 있다. 각각의 요소는 스스로 팽창하고자 하는 불안정성을 가지고 있지만 다른 요소에 의하여 안정성을 회복하거나 다른 요소에 변화를 일으킬 수 있는 동력을 제공하여 궁극적으로는 요소간 균형이 유지되면서 끊임없이 변화한다. 안정과 불안정의 순환 속에서 어느 작은 변화가 한가지 요소에 대한 급작스러운 팽창을 가져오고 이 변화가 다른 요소에도 변화를 일으켜 모든 문명의 요소가 연쇄반응을 일으키는 혁신이 일어나게 된다. 혁신은 내제된 에너지만으로 변화하는 진화가 궁극적으로 쇠퇴하여 소멸하지 않고 지속될 수 있는 힘의 원천이라 할 수 있다. 혁신에 따른 불안정한 상태에서 요소간 균형을 찾아감에 따라 안정 상태에 들어가면서 점진적인 변화인 진화의 상태로 들어가게 된다. 진화-혁신-안정화-진화의 과정이 반복되면서 문명이 발전하여 가는 것으로 이해 할 수 있다.

위에서 설명한 모델은 혁신의 부작용으로 인한 모순의 누적이 임계치를 넘으면 문명 요소간 상호작용에 따른 안전장치가 동작한다는 낙관적 사고를 전제로 하고 있다. 그러나 이러한 안전장치라는 개념은 매우 추상적이며 실존하는 것이 아니므로 어느 순간 과도한 혁신이 임계치를 벗어나 통제불능의 상태에 들어가면서 파멸까지는 아니더라도 인류에게 상당한 고통과 대가를 치르게 하는 시기의 도래를 촉발할 수도 있다. 역으로 혁신이 없는 안정적 상태가 지속되면 문명이 쇠퇴하여 소멸되는 정도까지는 아니더라도 긴 침체기에 빠지게 될 수도 있다.

어떠한 모델을 이용한 설명으로도 인류의 미래를 예측할 수는 없다. 현재는 과거의 결과물이지만 미래는 운명처럼 정하여져 있는 것이 아닌 우리가 만들어 가는 것이다. 그러므로 본질은 미래가 어떻게 될 것인가를 예측하여 대비하는 것이 아니라 미래를 어떻게 만들어 갈 것인가의 문제이다.

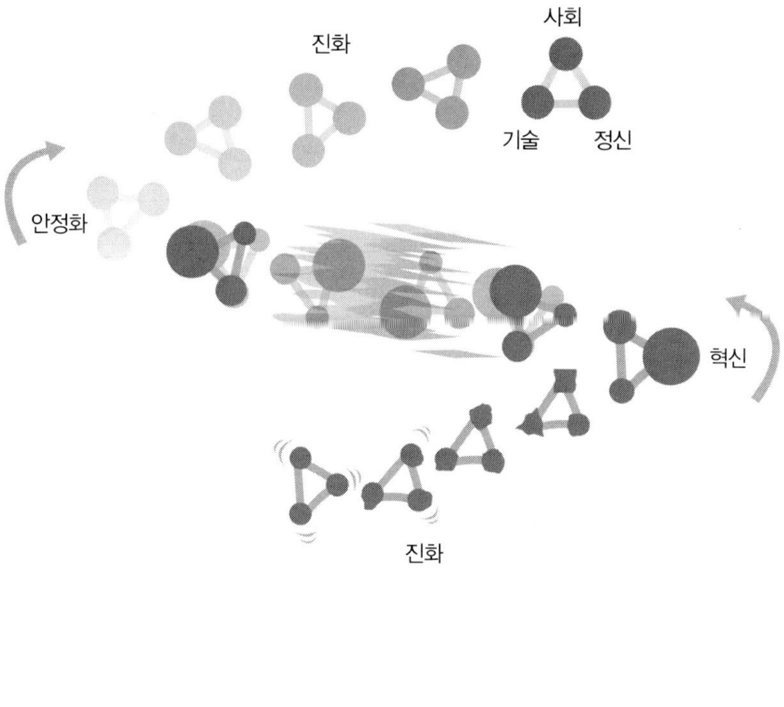

제6장

혁신에 대한 이해

대혁신

인류는 지금까지 세 차례의 대혁신을 거쳐 문명을 발전시켜왔다. 1차 대혁신은 국가의 형성과 사회제도의 정립으로 이는 무기, 농업, 상업의 발달과 더불어 문자와 과학기술의 발달을 더욱 가속화 시켰다. 2차 대혁신은 우주관의 변화에서 출발한 과학 기술의 발달로 대량생산체계가 구축 되고 물질적 풍요를 가져왔으며 산업과 정치가 변화되고 생활방식뿐만 아니라 사고방식에도 커다란 변화를 가져왔다. 3차 대혁신은 컴퓨터를 기반으로 하는 정보사회의 도래로 기술, 학문, 문화, 정치 등 인간의 모든 생각과 활동에 영향을 미치게 되었다.

3차 대혁신을 통하여 우리는 정보사회의 깊숙이 들어와 있으며 정보 시스템은 일상 생활의 편리를 제공하는 기능을 넘어 생존에도 필수적인 요소가 되었을 뿐만 아니라 심지어 중독이 우려될 정도로 우리의 삶 깊숙이 자리잡았다. 이러한 개인적 중독성을 넘어 매일매일 새로운 제품이 개발되고 그로 인한 급격한 부의 축적을 경험함으로써 사회 전반적으로 빠른 속도의 변화를 끊임없이 추구하는 혁신 중독에 빠지게 되었다. 중세에

천 년이 넘는 기간 동안 종교가 인류의 사고의 한계를 제약함으로써 암흑기를 거쳤던 것과 유사하게 모든 사람이 정보사회 및 정보기기를 중심으로 사고하는 덫에 갇히어 새로운 대혁신을 가로막는 요소로 작용하게 될 수도 있다는 우려의 목소리가 커지고 있다.

정보 사회가 인류 문명의 주요한 요소로 오랜 기간 지속될 것이지만 새로운 혁신을 이끌어내는 항구적 원동력으로 유지되지는 않을 것이다. 사고의 확장이 없이는 대혁신이 일어날 수 없으며 과거 2차 대혁신을 이끌었던 대량생산과 정밀가공 기술은 3차 대혁신이 일어나면서 매우 짧은 시간 안에 문명과 사회에서의 중요도가 쇠퇴하게 되었던 것과 같이 새로운 대혁신은 정보사회의 중요성을 급격한 속도로 퇴색하게 할 가능성이 존재한다.

현대 사회는 물질문명의 발달로 자연을 극복하고 지배하며 물질적 풍요를 누리고 있지만 과도한 물질 문명의 발달에 따른 사회 문화 및 정신 문명과의 불균형이 염려스러운 상황이다. 여유로움을 통하여 행복을 제공할 것으로 기대하였던 물질문명이 오히려 인간을 도구화하고 여유를 앗아가는 역설이 발생하였다. 따라서 새로운 대혁신은 무기, 공간적 확장, 풍족한 물질,

편리한 기기, 자연의 지배와 같은 과거 대혁신의 주요 특징으로 삼는 가치에 대하여 되돌아보고 깊은 성찰을 통하여 인류의 궁극적 가치를 찾아가야 할 것이다.

인간이 추구하는 최상의 가치는 모든 이의 행복이지만 행복 추구는 개인간의 이해관계뿐만 아니라 자연과 인간, 다양한 가치들 사이에서 필연적으로 갈등이 동반된다. 행복은 물질적 필요가 충족되는 이상의 것으로 타인과의 관계 속에서 느껴지는 것이므로 갈등이 해소된 조화로운 상태를 이루지 않고는 행복을 이룰 수 없다. 따라서 새로운 대혁신은 행복을 지향하며 이를 이루기 위하여 구성원들간의 공감이 필수요건이 될 것이다. 또한 이러한 문제는 특정 학문 분야의 단편적 적용에서 벗어나 감성, 사회, 문화, 기술 요소가 복잡하게 융합되어 해결 될 수 있을 것이다. 즉, 행복, 조화 및 융합이 새로운 대혁신의 근간을 이루게 될 것이며 이러한 시대를 준비하여야 한다.

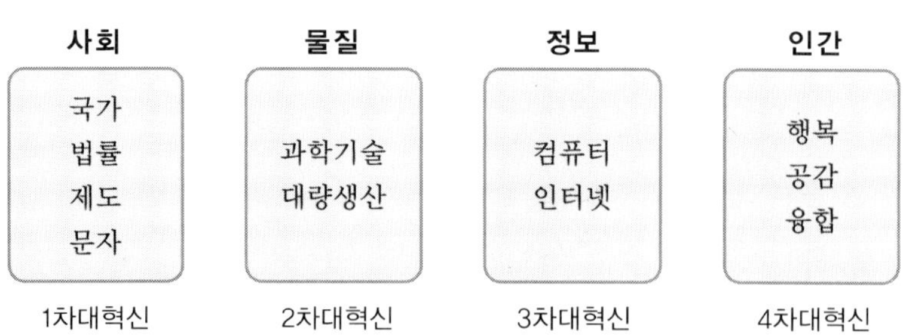

행복 혁신

인류가 가장 원초적으로 필요로 하는 물질인 식량 생산성은 꾸준히 개선되어 오늘날에는 이미 세계 총 생산량이 전인류가 필요로 하는 양을 초과하였음에도 불구하고 분배의 문제로 인하여 아직도 인류의 식량문제가 해결되지 못하였다. 반면 선진국에서 물질의 의미는 의, 식, 주와 같은 생존을 위한 것 이외에도 높은 삶의 질을 위한 의료, 교통뿐만 아니라 오락이나 스포츠와 같이 즐거움을 위한 추상적인 것까지를 포함한다. 실제로 오늘날 전세계 정보산업 관련 시장 규모가 전세계 식량 시장 규모의 10여배에 달할 정도로 생존에 필요한 것 이상의 물질적 풍요를 누리고 있다.

물질적 풍요가 보편적 복지와 삶의 질 및 행복감을 향상시킨다는 점은 부정할 수 없지만 물질적 풍요가 행복을 보장하지 않는다는 점도 부정할 수 없다. 오늘날 눈부신 물질 문명의 혜택을 누리면서도 정신적 빈곤을 우려하는 목소리가 높으며 '현대 문명이 행복을 가져다 주었는가?' 라는 질문에 부정적 의견이 적지않다.

인간이 행복하기 위해서는 굶주림, 질병, 고통과 같은 생물학적 위협으로부터의 탈피뿐만 아니라 재난과 전쟁과 같은 사회적 위협으로부터의 안전 보장과 같은 생존과 관련된 환경이 충족되어야 한다. 생존환경의 충족은 행복의 최소 요건이며 이외에 오락과 여흥 및 정서적 안정과 같은 개인적 감성, 자아 및 존재감의 확립, 사회에 대한 소속감, 진리와 이성 및 예술과 같은 관념적이며 추상적인 아름다움의 추구 등 가치공간상의 모든 영역이 고르게 만족되어야 한다. 과거 물질 문명은 지극히 실존적인 가치를 충족시키기 위하여 발달하여 왔지만 점차적으로 행복의 본질에 대한 이해가 발달함에 따라 물질과 기능 자체보다는 그것들이 제공하는 감성적 기쁨과 즐거움에 기반을 둔 행복감을 중시하는 방향으로 발전이 진행 중이다.

예를 들어 카메라는 영상을 기록하는 장치로서 발명되었으나 현대사회에서 카메라는 추억을 담는 도구로서의 의미가 더 큰 것으로 이는 소비자가 영상을 기록하는 장치를 위하여 비용을 지불하는 것이 아닌 자신의 추억을 사는 것에 해당한다. 또 다른 예로 TV는 멀리 떨어진 곳에 영상을 보내어 재생하는 장치라는 의미는 퇴색하고 그것을 통하여 제공되는 프로그램이 주는 기쁨과 즐거움을 위하여 비용을 지불하는 것이다. 최근 광범위하게 사용되는 SNS는 그 기술적 난이도나 물질적 가치보다는 그것이 제공하는 정신적 만족감, 특히 고독해하는 현대인들의 심리에 파고 들어 사회에 속하여 있다는 즐거움을 느끼게 함으로써 성공을 거둔 것이며 기술이 아닌 감성을 팔아 성공한 대표적인 사례라 할 수 있다.

인류의 모든 행위는 복잡한 정신 작용이 외적으로 나타나는 결과물이다. 정신문명은 다른 문명의 요소와 달리 눈에 보이는 객체로 나타나지도 않을 뿐만 아니라 측정하고 평가하는 척도도 없으며 사람들의 마음속에 시공간적으로 분산되어 있다. 과연 어느 것이 더 발전된 정신문명인지 비교한다는 시도 자체가 성립하기 어렵다. 다만 가치의 영역에서 감성-실존-개인 영역에 해당하는 가치를 중심으로 하던 정신문명에서 벗어나 점점 더 지성-관념-공리 영역에 해당하는 가치를 추구하는 사상이 사회 구성원의 전반으로 확대되어 가는 과정을 거치고 있으며 이를 정신문명의 발전으로 볼 수 있을 것이다.

새로운 혁신은 인간의 마음에 대한 이해와 그에 따른 개
ㄱ를 근간으로 할 것이며 기능보다는
는 감성중심의 가치기준이 적용될 것

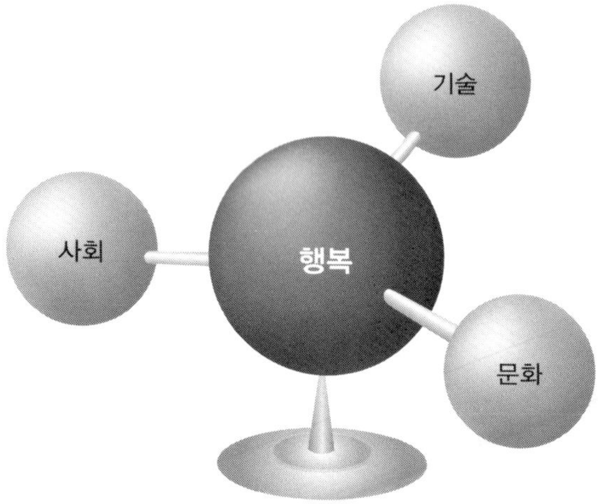
기술
사회
행복
문화

공감 혁신

지금까지 인류 문명은 보다 많은 자원을 확보하기 위하여 지속적인 탐험과 탐사를 통한 영역 확대를 매우 높은 가치로 추구하는 정복과 확장의 역사였다. 이러한 과정 속에서 혁신은 대립과 경쟁, 자연 파괴와 같은 파괴적 의미를 필연적으로 내포하고 있었으며 정복을 위한 물질문명이 중시되었다. 현대 과학기술은 인류에게 전지구적인 영향을 미칠 수 있는 힘을 가져다주었다. 이는 순식간에 전 인류를 파멸로 몰아갈 수 있는 위험성을 함께 갖게 되었음을 의미한다. 따라서 새로운 혁신은 다양한 이해관계와 모순을 조화롭게 극복하고 서로 다른 문화, 문명, 사회뿐만 아니라 자연과도 상호 공존할 수 있는 혁신이어야 한다. 즉, 새로운 혁신은 파괴적이지 않으면서 조화에 기반을 둔 공감 혁신이어야 한다.

과거 인류문명의 비약적 발전을 가져왔던 소수의 천재적 선각자에 의하여 발견된 혁신적 이론과 사상은 기존의 사고와 가치에 정면으로 반한다는 이유로 억압되어 소수 집단에 의하여 계승 발전 되다가 오랜 시간이 지난 후 진실임이 밝혀지고 확산되는 경우가 많았다. 이와 반대로 진실로 받아 들여졌다고 하더라도 교통, 통신, 출판, 교육이 발달하지 않아 확산의 범위가 제한적이고 확산 속도 또한 매우 느렸다.

현대에 와서는 진실의 가변성이 광범위하게 용인될 뿐만 아니라 진실 여부를 입증하기 위한 과학적 방법론이 정립되어 있어 불합리한 억압이나 불필요한 논쟁에 따른 확산의 지연이 최소화 되었다. 더욱이 교통, 통신, 출판, 교육의 발달에 힘입어 특정한 사상과 발견이 불과 수일 내에 전 세계로 확산될 수 있다. 따라서 혁신의 확산 속도가 진실 여부나 정보 교류의 제약을 받는다기 보다는 다양한 생각을 가진 사람들이 얼마나 새로운 변화에 공감하는가에 의하여 결정된다 할 수 있다.

작은 창조의 돌멩이 하나가 수면에 물결을 만들고 공감을 얻은 주변으로부터 에너지가 모여 증폭되면서 거대한 파도를 이루는 것과 같이 이념과 문화, 시대와 공간을 넘어 많은 사람이 공감하는 것, 역동적으로 변화 하면서 안정하여 쾌감을 주는 것, 모든 사람의 일상생활에 영향을 주는 것, 연쇄적인 다른 혁신을 일으키며 그것들이 조화롭게 어우러져 거대한 흐름을 이루는 것, 이러한 것이 조화로운 혁신이다. 많은 사람의 공감을 얻어낼 수 있는 것은 혁신성이 결여된다고 여겨질 수 있다. 그러나 파격적이라도 공감과 조화를 이룰 수 있으며 파격적이라 하더라도 조화롭지 못하여 공감을 얻지 못하면 확산되지 못하고 일시적 현상에 그쳐 소멸되고 만다. 따라서 새로운 혁신의 성공 여부는 문제의 인식에서부터 해결까지 시간, 공간, 계층을 넘어서는 다양한 사람들의 공감을 얻어내며 자발적 참여로 구성된 집단지성의 상호작용과 노력을 어떻게 이끌어내고 유지하는 가에 달려있다.

융합 혁신

문명의 발전에서 개인의 천재성이 중요한 역할을 하는 것은 사실이다. 과거에는 한 천재적 개인이 해결할 수 있는 비교적 단순하고 단편적인 문제들이었기 때문에 개인의 천재성에 대한 의존도가 높았다. 그러나 문명이 발달하면서 점점 더 복잡하고 난이도가 높은 문제에 직면하게 되었다. 한가지 문제에 대하여 인식, 해결 및 최적화에 필요로 하는 지식의 범위와 깊이가 한 개인이 습득하기에는 지나치게 방대하여 개인이 다룰 수 있는 범위를 넘어섰다. 오늘날 인류가 당면한 많은 문제들은 과학기술뿐만 아니라 사회, 경제 및 사상 등 여러 다른 분야의 요소들이 복합적으로 맞물려 있거나 심지어는 전통적인 학문구분으로는 특정할 수 없을 정도로 복잡한 융합적 문제이다.

융합이란 여러 요소가 섞여 하나를 이루는 것으로 가장 초보적인 형태의 융합은 각 요소들이 서로 무관하게 모여있는 '집합' 이나 '혼합(mixture)이다. 이는 각 요소들이 관리나 운영적인 측면에서 한정된 범위 내에서의 공유를 통하여 총비용을 개별 요소들의 비용의 총합보다 낮추어 효율성을 증대시키킨다.

집합 또는 혼합과는 반대로 한 객체가 여러 가지 요소들을 가지고 있는 상태를 '다재 다능(versatility)' 이라 한다. 이는 한 개인이 여러 분야에 일정 수준 이상의 소양을 갖춘 것으로 다빈치를 대표적 예로 들기도 한다. 그러나 다빈치는 인류역사상 가장 특별한 인간으로 여겨지며 그의 능력은 교육된 것이 아니라 타고 태어난 천재성에 기인한 것이다. 이러한 천재를 교육을 통하여 길러낼 수는 없으며 다만 이러한 다재 다능한 천재가 자신의 역량을 최대한 발휘할 수 있도록 다양한 기회와 환경을 제공하는 것이 필요하다.

여러 요소가 모여있으면서 각 요소들의 역할과 기능이 명확하게 분화되어 있어 상호 작용함으로써 전체가 동작하는 것을 집적(integration)이라 한다. 오늘날 실제로 생산되는 제품 중에서 집적화되지 않은 제품을 찾기 어려울 정도이며 많은 조직과 기업의 전형적인 운영체계이다. 집적화는 목적을 달성하기 위하여 구체적으로 계획, 설계 구현된다. 집적된 시스템의 목적과 목표를 정의하고 이를 기반으로 각 요소들의 기능과 특성을 분할하고 이들이 상호 연동하기 위한 경계(interface)를 명확하게 설계하여야 한다. 각 요소를 분업을 통하여 구현하고 이들을 조합하여 집적하는 과정을 거치게 된다. 집적화된 시스템의 가치는 각 요소의 성능과 기능의 합보다는 이들이 어떻게 조합되어 전체로서 어떠한 새로운 기능을 수행하는가에 의하여 결정된다.

다양한 요소들이 상호 연동하면서 특정 목적을 달성하는 집적은 전체 시스템의 목적이 정하여진 상태에서 각 요소를 구성하여 가는 일종의 top-down체계를 의미 한다. 이와 반대되는 개념이 서로 다른 요소들이 상호 관련되어 새로운 기능을 갖게 되는 bottom-up 체계를 다학제(Multi-discipline)라 한다. 이는 여러 분야에서 각 분야의 전문가들이 모여 상호 이해해 가는 과정에서 각 요소들이 합하여져 새로운 시스템을 구성하게 되는 것을 의미한다. 다학제적 교육과 연구를 통하여 새로운 문제를 인지하거나 지금까지 해결하지 못하였던 문제를 해결할 수 있다. 이때 각 요소의 전문가는 다른 인접분야에 대한 깊은 이해가 필수 요건은 아니지만 연관된 학문 분야의 전문가들과 의사 소통을 할 수 있는 역량을 필요로 한다.

다학제나 집적 보다는 밀접하게 서로 다른 분야가 합하여진 경계영역에서 새로운 응용 분야를 창출하거나 한 분야의 요소가 다른 분야에 적용되어 새로운 응용분야를 창출하는 것을 경계학문(inter-discipline, trans-discipline)이라 한다. 예를 들어 공학적 전문성을 기반으로 의학을 이해하여야 하는 의용공학, 나노 물질의 특성과 공정에 대한 전문성을 기반으로 바이오 물질들을 이해하고 이를 혼합한 새로운 진단과 분석 센서를 연구하는 나노-바이오 분야 등이 inter-disciplinary경계학문의 예라 할 수 있다. 또 다른 예로 전자공학이 만들어낸 전자악기가 음악과 결합하면서 전자음악이라는 지금까지 존재하지 않았던 새로운 음악의 큰 분야가 생기거나 물리학의 동위원소와 관련된 지식이 고고학에서 필수적인 연대측정에 활용되는 것 등이 타 분야에 적용되어 새로운 분야를 창출하는 trans-disciplinary 경계학문의 예라 할 수 있다. 다학제는 각 요소의 전문가가 다른 분야에 대한 깊은 이해를 필수로 하지 않지만 경계학문은 관련 분야에 대한 충분한 이해를 요구하며 많은 경우 주 전문 분야가 있으면서 다른 분야를 충분히 이해하는 역량이 요구된다. 다학제와 경계학문은 명확히 구분되는 정의는 아니며 학문의 폭과 깊이에 있어 약간의 의미 차이를 가지고 있다.

앞서 설명한 여러 형태의 분야간 조합보다 더욱 깊은 차원으로 여러 요소가 합하여져 분리될 수 없는 하나가 되며 각 요소가 가지고 있던 특성과는 전혀 다른 새로운 특성을 나타내는 다른 것이 되는 것을 융합(fusion)이라 한다. 융합적 문제는 문제 자체가 명료하게 정의 되거나 구체화 되어 있지 않으며, 대단히 많은 요소 분야가 연관되어 있지만 각 요소의 기능과 범위에 대하여도 명료하지 않을 뿐만 아니라, 정확한 해답도 없으며,

경우에 따라서는 상황이 전개되어감에 따라 문제자체 또는 제약조건이 변해감으로써 해결의 방향과 그 목표도 변하게 되는, 정형화되지 않은 문제의 영역이다. 이러한 문제는 정해진 시간과 공간 및 조직에서 한정된 인력이 해결할 수 없는 문제들로 매우 광범위한 분야에 대한 포괄적인 이해를 가지고 있는 사람에서부터 매우 좁은 범위의 전문성을 가진 전문가까지 집단 지성의 노력으로 조금 더 낳은 해법을 만들어 간다. 뇌과학, 기후, 의료, 또는 생명 문제 등이 이러한 융합문제의 예라 할 수 있다. 이러한 융합 문제는 전인류에 영향을 미칠 뿐만 아니라 다양한 학문 분야에 연쇄적 혁신을 불러 일으키면서 인류의 사고와 학문 및 문화에 있어서 새로운 차원을 더하는 혁신을 가져올 수 있다.

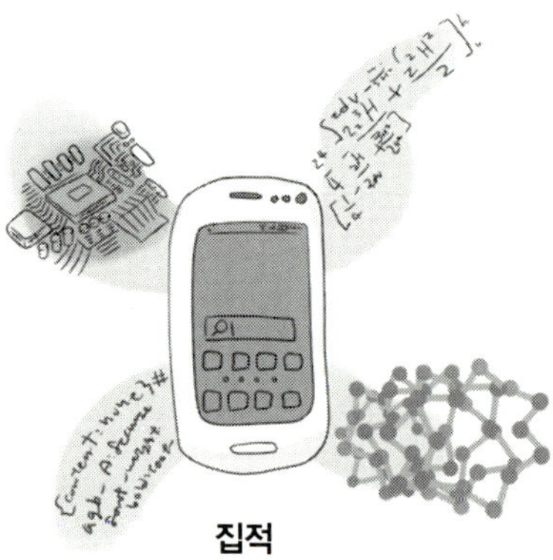

집적

융합

제7장

교육에 대한 이해

교육 목적

교육이란 무엇인가에 대하여는 여러 가지 관점에 따라 정의될 수 있으며 가르치고 배우는 것 자체를 고귀하고 아름다운 가치로 보는 견해도 있다. 어원적인 교육의 정의는 동양과 서양이 큰 차이를 보인다. 맹자의 언급에서 출발하여 널리 사용되게 된 교육(教育)이라는 용어는 '매를 들어 길들이고 살찌우게 하다'라는 뜻으로 피교육자에게 없었던 것을 훈련을 통하여 있게 함으로써 유용하도록 만들어 간다는 의미를 가지고 있으며 다분히 교육자로부터 피교육자로 향하는 행위이다. 그에 반하여 서양의 'educate'는 어원적으로 '끄집어내어 나아가게 하다'라는 뜻으로 피교육자에게 이미 내제되어있던 역량을 발휘할 수 있도록 한다는 의미를 가지고 있다. 이는 교육의 중심에 피교육자가 놓여 있으며 교육자가 조력하는 역할임을 의미한다. 이러한 관점에서 동양의 교육은 사회 전체가 가치 있다고 여기는 정형화된 틀에 맞추어 사회를 통합하고자 하는데 교육의 목적을 두고 있으며 서양은 개인의 특성과 역량의 발현을 통하여 사회를 발전시키는데 교육의 목적을 두고 있음을 알 수 있다.

어원적 정의가 어찌되었건 현대의 교육은 개인, 사회, 문화, 문명이라는 관점에서 교육의 목적이 있으며 각각이 구분되어 어느 한가지가 다른 것에 우선하는 것이 아닌 총체적으로 함께 행하여 진다. 개인의 관점에서는 사고의 폭과 역량을 넓혀 개인의 발전을 도모하는 것을 목적으로 하고 있다. 사회문화적 관점에서는 개인이 사회의 구성원으로써 역할을 하도록 함을 목적으로 한다. 문명의 관점에서는 인류가 지금까지 쌓아온 것을 후세에 전달하고 영속하기 위하여 다음 세대를 준비시키는 것을 목적으로 한다. 이때 지식의 전달을 통한 전수를 넘어 역량과 사고의 폭이 기존의 세대를 뛰어넘는 새로운 시대를 창조할 수 있는 역량을 갖춘 인재양성을 최고의 가치이며 보람으로 받아들이는 것이 일반적이다.

이러한 다양한 관점의 교육 목적을 기반으로 교육 목표는 개인의 특성을 고려하여 각각 다르게 설정되어야 한다. 결국 사회는 아주 사소하게 여겨지는 역할에서부터 매우 훌륭하다고 여겨지는 역할까지 모두를 필요로 한다. 모든 개인이 매우 훌륭하다고 여겨지는 역량을 가지고 있다고 하더라도 사회가 유지될 수는 없으며 각자의 역할이 나름의 의미를 갖기 때문에 어떠한 역량과 역할이 절대적으로 더 가치 있다고 평가 할 수 없다. 모든 개인이 보다 높은 위치에 자리잡기 위해서 경쟁하고 그러한 경쟁 속에서 필연적으로 승리하는 자와 도태되는 자가 있게 되며 승리하는 자는 권력, 금전, 명예등과 같은 보상을 얻게 된다. 경쟁은 다소간의 갈등을 유발하기는 하지만 개개인의 역량을 극대화 하기 위한 근원적 동력으로 작용하므로 교육에 있어서 경쟁은 필수 불가결한 것이다. 다만 이러한 갈등이 증폭되지 않고 사회가 융화되기 위해서는 도태되는 자도 자신의 역량과 특성에 맞는 역할을 찾아가고 각자의 역할에 대한 가치를 상호 인정할 수 있도록 교육 목표가 설정되어야 한다.

문명의 지속적 발전을 위한 교육 목적을 이루기 위해서는 다음 시대가 어떠할 지를 예측하고 이에 대비하여 교육목표가 수립되어야 한다. 현재까지의 교육은 인류가 과거로부터 누적하여왔던 도덕적 관념과 지식을 전달하는 교육과정으로 구성되어있다. 이는 안정적 문명발전을 전제로 미래는 과거로부터 현재까지의 연장선상에 있으며 현재와 크게 다르지 않을 것임을 전제로 하고 있다. 그러나 3차 대혁신기 이였던 지난 30년간의 변화는 예측을 크게 벗어난 파격적 변화가 일어났으며 사상, 문화, 정치, 교육이 이러한 변화 속도에 적응하지 못하고 있는 상황이다. 따라서 미래에 대한 예측이 사실상 불가능한 상황에서는 과거로부터 전수되어온 전문적 지식의 이해 및 이의 활용 교육만으로는 부족하며 전혀 새로운 복합적 문제에 적응하고 이를 융합적으로 해결할 수 있는 역량을 향상시키기 위한 교육요소와 교육과정이 정립되어야 한다.

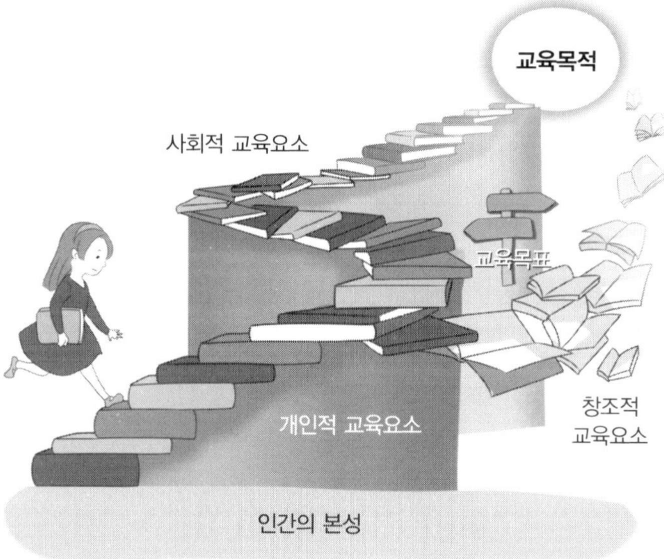

교육 요소

교육의 목적과 목표를 달성하기 위하여 교육시켜야 하는 세부 사항들을 교육 요소라 하며 교육 목적과 목표가 시대에 따라 달라짐에 따라 교육 요소 또한 변해왔다. 문명의 초기 단계에서는 충성이나 희생과 같은 도덕적 요소가 강조되었으나 점진적으로 지식과 기능이 강조되었으며 20세기에 들어서서는 창의적 요소가 강조되었다.

19세기 까지는 체계적인 교육의 기회가 극히 소수에 한정되어 있을 뿐만 아니라 출판 기술의 제약으로 지식에 대한 접근 또한 극히 제한적 이었다. 이 시기의 교육은 충성 이나 근면 같은 도덕적 면이나 인류가 쌓아온 지식을 스승을 통하여 다음 세대로 전수하는데 역점을 두고 있었다. 20세기 들어 과학기술이 발달하고 경쟁이 치열해지면서 문제 해결 능력과 창의성이 가장 중요한 교육요소로 부각 되었다. 또한 복잡하여지는 사회를 지탱하기 위하여 사회 구성원 전체에 대한 보통 교육이 시행되고 교육과정이 체계화되었을 뿐만 아니라 교육요소에 대한 학습성과 측정이 계량화 되었다. 체계화된 교육과정과 계량화된 효과적인 창의 교육이 이루어지지 못하고 있는 실정이다. 불과 30여년 정도 진행된 3차 대혁신은 전통적인 교육요소와 교육체계의 한계를 극명하게 보여주었으며 이제 교육 요소에 대한 새로운 정의와 교육체계 및 방법에 대한 고민이 필요한 시기이다.

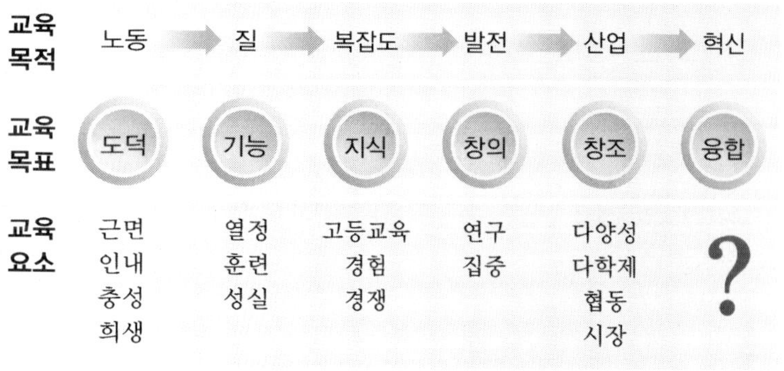

학습성과 측정은 보편적 교육의 효율성을 극대화
이루었으나 획일화라는 부정적인 면을 내포하고
후반에는 지식의 양이 방대해지고 사고의 폭이 급
며 인류의 지식 생산의 속도가 점차 가속되어 한 가
거나 학습할 수 있는 범위를 벗어나게 되었다.

21세기 들어 3차 대혁신 과정에서 정보 기
누구나 손쉽게 광범위한 지식을 획득할 수 있게
으로부터 전달되는 지식과 정보보다 인터넷을 통
보가 많아지게 되었다. 교육을 통한 지식의 습득
수 속에서 불필요하거나 잘못된 정보를 걸러내면
제공되는 정보를 조합하여 재구성하여 필요로
축하는 역량의 중요성이 점차 부각 되었다. 더욱
발달로 대부분의 아이디어가 손쉽게 구현 가능
문제 해결 능력 보다는 새로운 관점의 문제를
강조되고 있다.

그러나 현재의 교육체계는 아직도 과거
부터 전수되는 지식의 수동적 습득을 통한 문
에 초점이 맞추어진 교육요소를 적용하고 있
를 추구하고는 있으나 교육환경의 현실적 제

과 인류의 보편적 가치에 대하여 이해하여야 하며 자신의 특성과 상황에 대한 올바른 인식을 바탕으로 전반적인 가치의 비중과 방향을 정립할 수 있도록 교육하여야 한다.

가치 있는 것을 얻기 위한 갈망은 원하는 것에 대한 구체적인 목표를 설정하게 한다. 목표는 희망이나 소망과 달리 자신의 노력으로 실현하고자 하는 것으로 현실적 요소가 고려되지 않은 경우 실현이 불가능한 망상에 불과하게 된다. 따라서 자신의 특성과 역량 및 환경을 포함한 현재에 대한 인식과 가치관을 바탕으로 실현 가능한 목표를 설정하고 이를 이루기 위한 과정으로 실행과 노력이 뒤따라야 한다. 실행의 결과에 따라 다시 현재가 결정되며 현재-목표-실행-현재로 순환되는 과정의 반복을 통하여 궁극적 가치를 향하여 나아가는 것이다. 현재는 과거의 결과이며 미래는 현재를 기반으로 설정된 목표를 이루기 위한 실행의 결과에 의하여 이루어 지는 것이므로 합리적 목표 설정이야 말로 언젠가 현재가 될 미래를 만들기 위한 가장 중요한 과정이라 할 수 있다. 합리적인 목표설정을 위하여 자신의 과거와 현재 대한 냉정하고 객관적으로 분석할 수 있는 역량 교육이 '꿈'을 갖도록 권유하는 것 보다 중요한 교육 요소라 할 수 있다.

실행과 노력의 과정에서 대부분의 경우 끈기와 인내심이 요구되며 이들은 개인적 교육 요소에 있어서 중요한 덕목중의 하나이다. 과거 '하면 된다' '열 번 찍어 안 넘어가는 나무 없다' 는 구호를 외치며 끈기와 노력을 강조하였지만 새로운 세대들이 과연 '하면 된다' 는 필승 정신으로 무장할 수 있을 것인지는 의문이다. 끈기와 인내심이란 실행과정 중 발생하는 가치 비중의 변화에 대하여 최초에 정한 가치로운 목표를 추구하기 위하여 다른 가치(욕구)를 희생시키거나 보류하는 일련의 조정 과정이라 할 수 있다. 이러한 조정 과정에 있어서 끈기와 인내를 발휘할 수 있도록 하는 것이 성취 후에 얻어지는 보상에 대한 기대이다. 실질적이고 물질적인 보상에 비하여 명예와 만족 같은 관념적 보상은 끈기와 인내심의 동기로 장기간 지속되기 어렵다. 따라서 끈기와 인내심에 대한 교육은 도덕적 덕목으로서가 아니라 상대적으로 긴 시간 후에 얻어질 보상의 효과와 가치를 객관적으로 이해하도록 하는 것이다.

실행의 결과는 성취, 포기, 실패의 세 경우 중 하나로 귀결된다. 성취의 경우 목표에 대하여 어느 정도를 달성하였느냐에 따라 차이가 있겠지만 성취에 대한 쾌감, 보상에 따른 만족감과 경우에 따라서는 지속성 있는 보상에 따른 행복감을 겪게 된다. 성취가 주는 이러한 쾌감은 다시 새로운 목표를 향하여 노력하고 인내할 수 있는 강한 동기를 부여하므로 '성공하여본 자만이 성공한다' 는 선순환 고리에 들어가게 된다. 실패나 포기의 경우 절망, 좌절, 자존감의 상실, 의욕상실 등과 같은 감정의 공황상태를 겪으면서 가치의 급격한 혼란으로 정서에 파괴적인 상처를 남기게 된다. 더 나아가 실패를 보상하기 위하여 무리하고 비합리적인 새로운 목표를 설정하거나, 새로운 목표에 대한 시도 자체를 회피하는 등 또 다른 실패나 포기를 불러오는 악순환에 빠지기 쉽다. 인간은 살아가면서 누구나 실패를 겪게 되지만 감정의 혼돈에서 어떻게 벗어나느냐가 자원과 노력의 낭비를 최소화 하면서 발전을 이룩할 수 있는 지를 결정하는 요소이다. 따라서 실패를 극복하는 지혜 또한 중요한 교육 요소라 할 수 있다.

지금까지 교육에 있어서 포기를 실패와 동일시하거나 실패보다도 부정적으로 여겨왔다. 물론 무모한 도전을 포기하지 않고 노력하여 성공한 사례들이 있겠지만 무모한 도전의 실패와 그로 인한 개인적, 사회적 비용은 언급자체를 금기시해왔다. 이는 포기를 용인할 경우 실행과정에서의 어려움에 직면하였을 때 이를 회피하고자 하는 마음을 막기 위한 것이지만 모든 사람이 목표로 하는 것을 이룰 수는 없으며 노력만으로 모든 것이 해결되지는 않는다. 따라서 끈기와 포기는 어느 것이 옳고 그른 문제가 아닌 양자택일의 딜레마인 것이다. 과거 지식 암기 위주의 학습과 육체적 노동중심의 시대에는 포기하지 않고 끝까지 하면 결국에는 이루어지는 것이 대부분이었지만 현대 사회에서는 다양성과 불확실성으로 인하여 이러한 끈기와 인내가 성취를 보장하지 않는 경우가 더 많다. 더욱이 끈기와 인내로 성취를 이룬 경우가 있는 반면 아무것도 얻지 못하거나 다른 기회마저 잃어 버린 경우도 있다. 따라서 새로운 시대에서는 끈기와 노력을 강조하되 불필요한 노력과 자원의 낭비를 막고 개인의 발전을 위한 보다 적절한 대안을 선택할 수 있는 기회를 가질 수 있도록 자신의 역량과 상황에 대한 객관적이고 냉정한 분석을 통한 지혜로운 선택으로서의 포기가 끈기와 인내만큼 중요한 교육요소라 할 수 있다..

사람은 가치의 정립, 목표설정, 실행과 노력, 포기, 성취와 실패 및 그 이후의 과정에 있어서 다양한 감정 변화를 겪게 된다. 한 개인이 단일한 가치와 목표만을 추구하는 것이 아니라 동시에 여러 가치와 목표가 상호작용하며 살아가기 때문에 매우 복잡한 감정의 변화를 겪으며 여러 감정들이 동시에 복합적으로 나타난다. 이러한 감정의 변화를 적절하게 제어하지 못한 경우에는 우울, 절망, 자아상실, 중독, 과잉행동, 자만 등과 같은 부정적이며 파괴적인 감정의 악순환에 빠져 들 수 있다. 가치와 목표 설정시기에는 성취 후에 일어날 상황에 대한 상상을 통해 보상에 대한 희망을 갖게 되며 그러한 보상은 목표성취를 위한 갈망을 불러 일으켜 실행으로 옮길 수 있도록 한다. 이때 성취 후에 일어날 상황과 보상에 대하여 과도한 기대는 과대망상이 되거나 부분적 성취 시 실망으로 이어질 수 있다. 따라서 성취 후 보상에 대하여 합리적으로 재고하는 훈련이 필요하다. 실행에 옮기는 과정에서는 목표한 바가 아직 이루어지지 않은 상태에서 실패 가능성에 대한 불안감, 올바른 목표인지에 대한 회의 및 다양한 다른 가치와 욕구를 억압하여야 하는 과정에서 오는 불쾌감을 극복하기 위하여 끊임없이 노력하여야 한다. 이러한 불쾌감으로부터 벗어나기 위한 포기하고자 하는 욕구가 발생하며

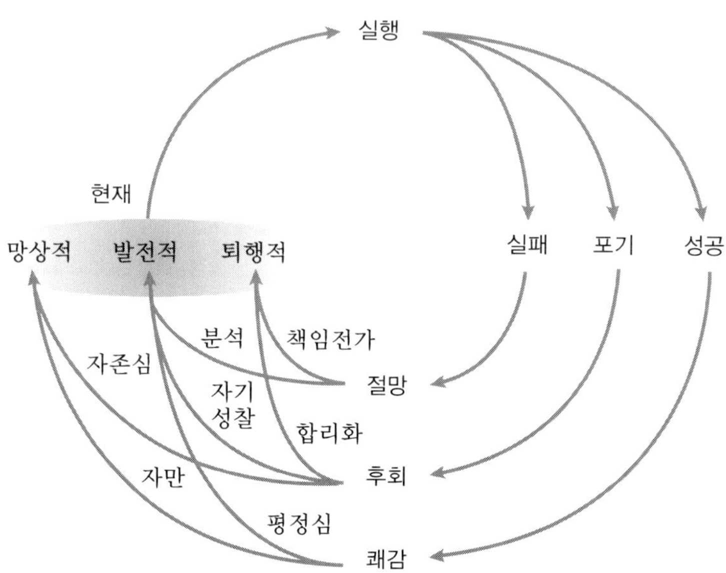

무의식적으로 포기를 합리화하게 될 것이라는 점을 인정하고 이러한 감정과 욕구를 긍정적으로 순화할 수 있는 역량이 요구된다. 이와 반대로 다른 모든 것을 희생하더라도 성취를 이루겠다는 집착 또한 개인과 사회에 부정적이며 파괴적인 결과를 초래할 수 있으므로 끈기와 포기 및 집착 사이에서 방황하는 감정을 제어하고 합리적 판단을 할 수 있는 소양이 요구된다.

사회적 교육 요소

사회적 교육요소는 사회가 유지되고 운영 되기 위한 교육 요소로 크게 개인이 사회에 적응하여 융화될 수 있도록 하는 사회 통합적 요소와 사회가 지탱되기 위하여 필요로 하는 역할을 각 개인이 분담하여 수행할 수 있도록 하는 사회 분업적 요소로 구분 될 수 있다.

사회 통합적 요소는 예절, 예의, 공중도덕, 법과 질서, 자유와 책임, 양보, 희생, 충성과 같은 도덕에 관련된 것들과 기본적으로 시민으로써 필요로 하는 정치, 사회, 경제, 역사에 대한 지식으로 주로 개인이 기존 질서와 사회 현상을 이해하고 순응하여 원활한 사회가 운용될 수 있도록 하기 위한 소양으로 구성되어있다. 과거 사회통합적 요소는 개인의 사회에 대한 의무를 강조하였으며 사회에 속한 구성원들의 강한 동질성을 기반으로 국가, 지역, 가족과 같이 계층적 사회구조에서 상위 계층을 위한 충성과 희생을 당연시 받아들였다. 지나치게 강한 동질성은 자신이 속하지 않은 집단에 대하여는 대단히 배타적이게 됨으로써 역설적이게도 더욱 큰 갈등이 잠재해있었다. 이러한 사회에서는 갈등을 부도덕한 악으로 여겨 갈등의 존재 자체를 부정하고 개인의 희생과 양보, 도덕성이라는 관념으로 갈등을 극복하는 반면 자신이 속하지 않은 사회와의 갈등은 사회구성원의 일치단결로 극복하도록 교육하였다.

그러나 2차 대혁신기를 거치면서 충성심을 기반으로 하는 하향식 사회통합이 와해되고 다양성을 기반으로 하는 분업적 사회 통합이 주를 이루게 되면서 행위의 동기로서 도덕의 중요성이 낮아지고 금전이나 권력과 같은 물질적이고 직접적인 보상이 동기에 더 큰 영향을 주게 되었다. '도덕이 땅에 떨어졌다' 고 하여 관념적 도덕 교육을 강조한다고 하여도 이미 시대를 거스를 수는 없다. 이를 보완하기 위해서는 행위에 대한 책임과 보상간의 명확한 인과관계에 기반한 가치관의 정립이 중요한 사회 통합적 교육 요소라 할 수 있다. 현대사회와 같이 개인주의가 고도화 되어가는 사회에서 사회통합을 이루기 위해서는 사회 속에서 개인의 의무와 책임을 명확하게 정의하고 행위의 결과에 대한 객관적 평가 및 이를 통한 보상을 실현하는 보다 실존적이고 기능적인 협동을 위한 요소들을 교육하여야 한다.

미래 사회는 국가나 민족과 같은 지역적 경계가 약화되고 개인이 다양한 기능과 글로벌 문화적 집단에 속하게 됨으로써 자신의 소속에 대한 경계가 불분명해지며 개인간 또는 집단간 경쟁과 갈등이 심화되는 매우 복잡한 상호작용이 일어나는 역동적인 사회가 도래할 것이다. 이에 반하여 인류가 직면하게 될 문제들은 더욱더 복잡하고 융합적인 특성을 가져 과거보다 더 협동이 요구되는 딜레마에 빠지게 된다. 새로운 시대에 대비하기 위해서는 갈등을 부정적으로 인식하고 도덕을 기반으로 하는 협동으로 극복하기 보다는 다양성 속에서 상호인정하고 지켜야 되는 한계, 갈등의 발생을 최소화하거나 완화하기 위한 사전 조치, 조정과 타협을 통한 갈등 해결방법과 같은 현실적인 교육을 시켜야 한다. 즉, 갈등을 억제하기 위한 교육 보다는 갈등을 합리적인 방법으로 표현하고 이를 공론화하며 갈등 해결체계를 통하여 해소하기 위한 교육이 이루어 져야 한다.

사회 분업적 교육요소는 사회를 지탱하기 위하여 개인이 기능적 역할을 분담하여 수행할 수 있도록 하기 위한 교육 요소를 말한다. 과거 신분 계급 사회에서는 개인의 역할 또는 직업이 신분에 의하여 결정되고 다음세대로 이어짐으로써 자신의 신분에 의하여 주어진 역할에 대한 순응이 우선시 되었다. 이러한 전제아래 주로 가업에서 노동의 일부를 담당하면서 부모로부터 기능적 요소를 전수 받는 것이 사회 분업적 교육요소 이었다. 과학 기술이 발달하고 산업화가 이루어진 2차 대혁신 이후 개인의 기능과 전문성이 중시되면서 개인을 독립된 인격체 보다는 사회 분업의 한 요소로 간주하고 개인의 역량을 증대 시켜 사회 전체의 생산성을 향상 시키는데 중점을 두었다. 그 결과로 체계적이며 구체적 교육방법, 교육과정, 평가 및 분석 도구들이 완성되었다. 여러 교과목안에서 정형화된 지식과 기능을 교수를 통하여 전달받아 이를 이해하고 암기하며 활용하는 역량을 습득하는 교육체계가 보편화 되었다.

이러한 지식과 기능 중심의 사회 분업적 교육 요소는 사회의 변화가 급격하지 않은 시대에는 효과적인 교육요소이었으나 사회가 급격히 변화하는 시대에 개인의 성취를 보장하고 사회가 필요로 하는 인력을 양성하기에는 부족하다. 더욱이 3차 대혁신 이후 다양성의 확장과 혁신적 변화가 일어나는 시대에는 변화의 흐름을 빠르고 정확하게 이해하고 교육과정을 통하여 학습되어지지 않았던 것을 스스로 찾아 학습하며 변화에 대

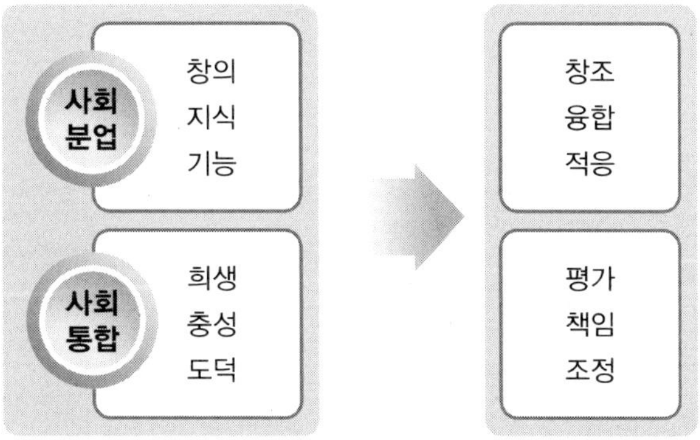

응하는 적응력이 지식과 기능의 습득보다 중요한 교육요소이다. 더 나아가 변화를 즐기며 이를 선도해가는 긍정적이며 진취적인 적극성으로 사회와 상호작용 할 수 있는 역량이 가장 중요한 사회 분업적 교육요소라 할 수 있다.

창조적 교육 요소

국가와 권력이 형성된 고대로부터 중세에 이르는 시기에는 순응을 미덕으로 삼고 사회통합을 중시하여 새로운 생각은 기존의 질서를 와해시키는 것으로 여겨져 억압의 대상이었다. 새로운 발견이나 생각은 천부적으로 타고난 극소수 천재의 독립적 발상에 의존하였을 뿐만 아니라 이마저도 억압받거나 받아들여지기 까지 오랜 시간이 소요 되었다.

2차 대혁신의 과정에서는 경쟁력을 확보하기 위하여 새로운 발상과 창의적 문제해결 능력이 요구되었다. 이에 따라 교육 요소 또한 창의적 문제 해결 역량이 강조되었다. 특히 20세기 초부터 "필요는 발명의 어머니"로 여겨지며 인류가 필요로 하는 것들을 발전 시켰다. 이는 주변 상황에 대하여 호기심에 기반한 주의 깊은 관찰로부터 풀어야 하는 문제를 찾고 이를 창의적인 사고로 해결하는 과정을 의미한다.

20세기 과학 기술 분야에서 창의성 교육이 강조되면서 창의성은 고등 교육을 받은 연구자들의 전유물처럼 여겨지거나 학문적 창의성이 일상 생활에서의 창의성보다 가치 있게 여겨지게 되었다. 오늘날에도 논문과 같은 새로운 아이디어에 지나친 가치를 두고 이것이 실질적으로 구현되고 산업적, 사회적으로 적용되기 위하여 뒤따르는 최적화 및 확산 과정에서의 노력에 대하여 저평가하는 대학의 연구자들이 적지 않다. 이와 반대로 산업계에서는 대학의 연구를 실용성이 결여된 낭비적인 것이거나 현실을 모르는 탁상공론으로 폄하하는 경향이 남아있다.

발명의 어원은 새로운 '생각이 떠오르다' 라는 뜻으로 호기심에서 출발하는 창의적 사고의 산물이다. 이러한 수많은 발명이 실질적인 결과물로 완성되어 실제로 적용되기 위해서는 여러가지 현실적인 제약 요소를 고려하여 최적화 되어야 한다. 수많은 발명 중에서 실질적 적용에 이르는 것은 소수이며 그 중 혁신적 파급효과를 불러일으킨 것은 극소수에 불과하다. 최근 화두가 되고 있는 창조는 창의적 사고나 발명의 한계를 넘어 실질적으로 완성되어 적용될 뿐만 아니라 기술적, 경제적 파급 효과를 갖는 것을 말하며 더 나아가 사회 문화적으로 인류의 사고방식과 생활패턴을 바꾸는 것을 의미 한다. 창의, 발명, 실현 중 어느 것이 더 높은 가치를 갖는 것이 아닌 이들의 조화로운 흐름으로 창조적 혁신이 일어나는 것이다.

3차 대혁신이 시작되면서 인류가 필요로 하는 거의 대부분의 것들이 대단히 짧은 시간 안에 구현될 수 있을 정도로 과학 기술이 발전하였다. 정보가 매우 빠르게 확산되고 수많은 연구자가 거의 동시에 비슷한 문제를 해결하고자 경쟁하는 21세기 초반부터 필요의 발견과 창조적 구현이라는 접근 방법으로는 선도적 역할을 할 수 없을 정도에 이르렀다. 새로운 시대는 필요하다고 여겨지지 않았거나 필요하지 않았던 전혀 새로운 것을 찾아내고 이를 실현하여 필요하게 만드는 창조적 혁신의 시대이다. 즉, 문제를 만들어내는 혁신적 사고 역량, 현실적 제약 요소를 고려한 구현 역량, 확산을 위한 의사 소통 역량이 새로운 시대의 창조적 교육 요소이다.

융합적 교육 요소

인간은 성장하면서 태생적으로 가지고 있던 자신의 기질이나 여러 환경적 요인에 따라 자신의 적성과 재능을 찾아간다. 이때 환경적 요인에 의하여 자신의 적성과 역량을 스스로 한정 짓는 경우가 많다. 이는 자신의 적성과 재능을 조기에 발굴하여 학업에 동기를 부여하는 긍정적인 작용을 하기도 하지만 지나친 경우 타 분야에 대한 관심을 떨어뜨려 다른 기회를 차단하게 되는 부작용이 발생할 가능성이 매우 높다. 20세기 까지는 특정 영역에서의 전문성과 집중력을 강조한 교육이 이루어져 왔으며 심지어 극히 한정된 영역에 대한 집착에 가까운 집중이 천재성 또는 집념으로 미화되기 까지 하였다. 그러나 문명의 발달로 문제의 복잡도가 높아지면서 편집광적 천재성으로 이루어 낼 수 있는 것이 점차 한계에 다다르기에 이르렀다. 지나치게 편중된 사고는 개인의 정서적 안정과 사회적 통합에 부정적인 영향을 미칠 위험성이 높아 21세기부터 융합 교육에 대한 필요성이 점차 강조되고 있다.

학문과 교육에 있어서 융합에 대한 사상은 다양한 의미를 가지나 전체적으로는 '서로 다른 것이 합하여 진다' 라는 큰 틀에서는 공통점이 있다. 다만 '어떠한' 서로 다른 것이 '어떻게' 합하여 졌는가에 따른 차이를 보인다. 일반적으로 가장 널리 이해되는 융합적 교육요소는 '다재 다능(versatile)' 이며 이는 한 개인이 여러 분야에 일정 수준 이상의 소양을 갖추는 것을 의미한다. 여러 분야에 걸쳐 탁월한 역량을 갖는 것은 개인의 타고난 천재성에 의한 것이며 이를 교육을 통하여 길러낼 수는 없다. 다만 이러한 잠재적 역량을 가진 개인이 자신의 역량을 최대한 발휘할 수 있도록 다양한 기회와 환경을 제공하는 교육 체계가 구축되어야 한다. 다재 다능함을 키워주기 위한 교육에서 가장 주의하여야 하는 점은 그러한 역량을 타고나지 않은 개인을 대상으로 하는 다재다능의 추구는 다양한 것을 피상적으로는 이해하나 실질적으로 어떤 것을 이룰 수 있는 역량이 부족한 가제트(gazette)형 인간이 될 가능성이 있다는 것이다. 더 나아가 자신감의 상실에 따른 정서적 불안정을 불러 일으키거나 난관에 부딪혔을 때 이를 극복하기보다는 다른 대안을 찾아 회피하는 행동을 반복하며 융합을 자신의 역량이나 노력의 결여에 대하여 합리화하는 심리적 피난처로 삼을 수 있다. 따라서 다재다능 교육은 피교육자의 성향과 역량에 대한 매우 주의 깊은 관찰이 선행되어야 하며 그에 따른 기회와 환경을 제공하여야만 교육효과를 얻을 수 있다. 이는 기존의 보편적 교육에 비하여 대단히 많은 노력과 비용이 요구되므로 현실적으로 다재다능 융합교육은 선택된 극소수를 대상으로 할 수 밖에 없다.

인류가 지금까지 쌓아온 문명은 아무리 다재 다능한 개인이라고 하더라도 이를 모두 이해하고 일정수준이상의 역량을 보여줄 수 없을 만큼 방대하다. 심지어 과학기술에서 서로 다른 두 분야를 모두 이해하는 것도 천재적인 극소수만이 가능한 것이며 20세기에 이루어졌던 다학제 교육도 인접학문을 이해하여 결합하거나 경계학문을 탐구하는 수준에 머물러 있다. 이러한 한계는 교육으로 극복될 수 없는 인간의 근원적 한계라 할 수 있다. 다학제적 교육의 일환으로 대학에서 부전공제도나 이중전공 제도를 오랫동안 운영하여 왔으나 이의 교육적 효과에 대한 입증은 명확하지 않다. 즉, 서로 다른 또는 인접 학문 분야를 전공하고 이해한다고 하여서 융합이 이루어진다고 볼 수 없음을 의미한다. 현실적 대안으로 'T' 자형 인재상이 제시되기도 한다. 'T' 자형 인재란 넓은 범위의 학문에 대한 이해와 관심을 가지고 있으면서 특정 분야에 대한 깊은 전문성을 가지고 있는 것으로 자신의 전문성을 기반으로 타 분야와 협업할 수 있는 능력을 갖춘 인재를 말한다.

미래사회가 직면하게될 문제의 복잡성과 복합성은 분할 해결(divide and conquer) 후 집적(integration)하는 과정으로 해결할 수 있는 한계를 벗어날 것이다. 이러한 문제는 단순히 서로 다른 과학기술분야의 융합의 한계를 벗어나 다양한 과학기술, 정치, 경제, 사회, 문화, 국가간의 이해관계, 세대간의 갈등, 사회구성 계층 간의 갈등 등이 복잡하게 연관되어 있는 것들로 타 분야를 이해하거나 사회분업적 차원의 협력만으로 해결될 수 있는 범위를 벗어나기 때문에 기술, 정치, 사회, 문화 등 여러 분야의 전문가뿐만 아니라 다양한 사회와 계층에 속하는 구성원의 상호작용을 통하여 해결될 수 있다. 이러한 포괄적이며 광범위한 모델을 상호작용(reciprocal)형 융합이라 한다. 이는 특정 분야의 전문성뿐만 아니라 타 분야 전문가들과 의사소통하고 공감할 수 있는 능력을 갖춘 인재들의 협동이 요구된다. 타인의 생각과 사상에 공감하거나 반대로 타인이 자신의 생각에 공감하여 참여하도록 하는 역량을 통하여 집단이 형성되고 집단 지성을 통하여 문제 해결을 시도하는 과정이 상호작용 융합이며 이는 결과물로서의 융합이 아닌 과정의 융합을 의미 한다. 집단 지성의 참여자가 공간, 조직, 시간적으로 동일한 그룹에 있을 필요는 없으며 시공간을 넘어서는 공감과 조화를 기반으로 수 세대에 걸쳐 완성될 수도 있다. 따라서 상호작용 융합인재 교육은 다양한 사회, 문화, 계층의 사람과 공감하는 감성을 깊이 있는 지식보다 우선시 하여야 하며 아이디어의 표현과 발표, 타 전문분야에 대한 포괄적 이해, 전혀 새로운 복잡한 문제의 표현능력, 토론과 논쟁, 공감과 공유, 집단지성의 호출과 운용 역량 등이 상호작용 융합의 교육요소라 할 수 있다.

상호작용 융합을 위한 첫걸음은 지나친 경쟁에서 오는 배타적 사고라는 우물에서 벗어나는 것으로 다른 분야, 다른 계층 및 역할에 대한 존중과 예의라 할 수 있다. 경쟁에서 우위를 확보하기 위한 노력이나 예리한 비판 능력보다는 자신의 조력과 공유로 타인이 몇 배의 결과를 이루어낼 수 있도록 융합하는 능력을 요구한다. 상호작용 융합이란 과학기술, 산업의 혁신이라기보다는 인간의 감성과 행동양식에 대한 이해에서 출발하여 사고방식과 사상을 변화시키는 사회 문화 혁신이라 할 수 있다.

혁신 교육

앞서 나열한 교육요소들에 대하여 단계적으로 어떠한 교과목 또는 프로그램의 연결을 통하여 교육 목표에 도달하고 궁극적 교육목적을 이룰 수 있는가의 구체적 계획을 교육과정이라 한다. 지식을 기반으로 하는 사회 분업적 교육 요소에 대하여는 교육과정과 교과내용, 교수법 및 평가 방법이 매우 잘 정의되어있음에 반하여 다소 추상적으로 정의된 개인적 교육요소 및 사회 통합적 교육요소는 교사 및 교수의 성향과 자질에 크게 의존하고 있다. 새로운 혁신의 시대를 준비하기 위한 창조적 교육요소 및 융합적 교육요소에 대한 교육 과정과 교육 방법은 정형화될 수 없을 뿐만 아니라 이는 혁신이라는 근본취지를 훼손하게 된다. 융합과 혁신을 위한 교육과정은 융합의 정의와 범위에 따라 다양하게 설정될 수 있으나 어느 정도의 공통적 특징을 도출할 수 있다. 융합 혁신을 위한 교수법은 지식 전달 위주의 교수법과 다음과 같은 차이가 있다.

지식전달을 위한 교수법의 가장 전형적인 형태는 원리와 방법을 교수가 수강생에게 전달하는 강의중심이다. 융합과 혁신을 위해서는 교사와 학생 또는 학생간에 다양한 생각과 의견을 공유하는 토론 기반 교육이 이루어 져야 한다. 이때 교사는 학생들의 의견이 다소 미흡하더라도 이를 바로잡아주기 보다는 학생들의 생각이 보다 구체화되어 가도록 조언하는 정도로 학생들의 상호 토론에 대한 간섭을 최소화 하여야 한다. 즉, 수업의 중심이 교사가 아닌 학생이며 교사는 조력자로서 역할을 하는 학생 중심 교육이 실행되어야 한다.

전통적 교육방식은 강의를 통하여 전달된 지식을 피교육자가 이해하고 이를 주어진 문제에 적용하는 역량을 배양함을 목표로 하였다. 그러나 정보사회에서는 인터넷을 통하여 공개된 강좌와 자료를 통하여 지식을 손쉽게 획득할 수 있다. 따라서 융합 혁신을 위해서는 이러한 정보를 수집하고 불필요한 정보를 걸러낸 후 단편적인 정보의 조합으로부터 지식을 구체화 시킬 수 있는 역량을 배양하기 위한 지식 수집 교육이 강화 되어야 한다.

20세기 후반 공학 교육은 프로젝트 기반 학습(project based learning)이라는 교육방식을 통하여 실질적 문제를 해결하는 문제해결 능력 향상을 중시하였다. 이는 명료하게 목표가 정의 된 문제해결을 위하여 강의를 통하여 습득한 지식을 종합적으로 활용하는 능력을 향상시키기 위한 것이다. 프로젝트 기반 학습 방식은 강의와 시험 위주의 교육방식에서 벗어나 실무능력을 강화하고 분업적 협력 역량을 강화하는데 기여한 것으로 평가되고 있다. 그러나 융합과 혁신을 이루기 위해서는 원리에 대한 이해나 주어진 문제를 해결하는 능력보다는 어떤 문제를 다룰 것인가 하는 문제의 도출이 중요하다. 도출된 문제를 해결하거나 구현하기 위하여 필요로 하는 요소들을 분석한 후 각 요소에 대한 정보의 수집, 재원과 전문가 그룹을 포함한 자원과 환경 구축 전략수립이 중요한 요소라 할 수 있다. 이를 위하여 자신의 아이디어를 도출하여 팀원을 스스로 구성하고 토론을 통하여 아이디어를 구체화한 후 학문적, 경제적, 사회적 파급 효과를 설득하여 투자자와 전문가의 공감을 얻어내는 제안 지향 교육이 실행되어야 한다.

기존의 교육 방식은 원리와 해결 방법(Technology)을 익혀 이를 응용분야(Imagination)에 적용한 후 미래에(Future) 이것이 어떻게 발전 되어갈지를 예측하는 TIF 교육방식이다. 그러나 TIF 교육방식에서는 어떤 문제를 다룰 것인가 하는 것이 현재를 기준으로 한다. 융합과 혁신을 위해서는 현재의 연장선상에서의 미래가 아닌 현재와는 전혀 다른 미래(Future)의 문명과 사회, 문화, 생활방식 및 인간의 심리에 대한 예측을 바탕으로 어떠한 응용시스템(Imagination)이 있을 수 있는가를 도출한 후 이를 해결하기 위한 기술 요소들의 분석과 해결(Technology)을 추구하는 FIT 교육이 실행되어야 한다.

교육과정은 반드시 단계별로 각 학생에 대한 평가가 뒤따른다. 교육의 효과가 수업의 진행방식에 따라 다르게 나타날지라도 평가방법은 교육의 목표와 효과에 대단히 큰 영향을 미친다. 과거 지식 중심 교육 체계에서는 교육의 주체가 교사이며 교육 목표가 지식이므로 교사에 의한 성과 위주의 평가 방법이 사용되어 왔다. 이러한 평가 방법은 앞서 제시한 교육 방식에 적용하기 어려울 뿐만 아니라 융합혁신교육의 본질을 크게 훼손하게 된다. 따라서 학생 토론 중심, 제안지향 FIT교육에서는 교사에 의한 성과 평가가 아닌 동료에 의한 과정 평가가 적용되어야 하며 이를 위해서는 합리적인 평가 역량 교육이 실시 되어야 한다.

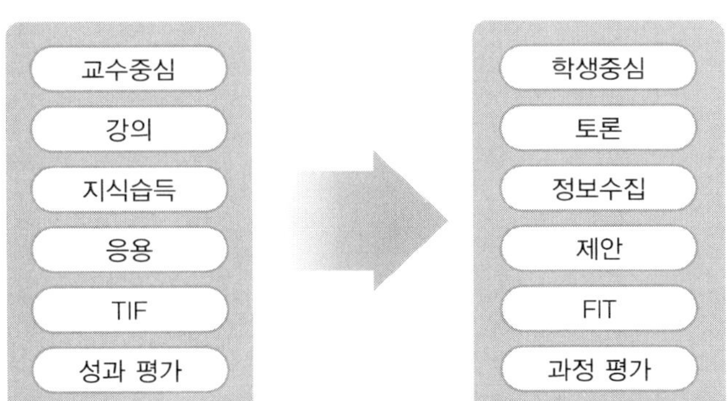

공감혁신

융합 · 혁신 · 교육에 대한 생각의 파편을 모아서

인 쇄 : 2015년 1월 29일 초판 1쇄
발 행 : 2015년 2월 2일 초판 1쇄

지은이 : 한건희
디자인 : OPS Design

발행인 : 우명찬, 송 준
발행처 : 홍릉과학출판사

서울시 강북구 인수봉로 50길 10
• 전화 : 02-999-2274~5 • 팩스 : 02-905-6729
• http://www.hongpub.co.kr
• e-mail: hongpub@hongpub.co.kr

ISBN : 979-11-5600-334-2 03370

정가 15,000원

파본이나 잘못된 책은 교환하여 드립니다.

▶ 본 저술은 미래창조과학부 및 정보통신산업진흥원의 IT명품인재 양성사업의 연구결과로 수행되었음(NIPA-2014-H0201-14-1002)